PARIS
EM CASA

PARIS
EM CASA

100 RECEITAS CLÁSSICAS DA CAPITAL FRANCESA

CLOTILDE DUSOULIER

TRADUÇÃO
LÍGIA AZEVEDO

COMPANHIA DE MESA

COPYRIGHT © 2018 BY CLOTILDE DUSOULIER
COPYRIGHT DAS FOTOS © 2018 BY NICOLE FRANZEN
COMPANHIA DE MESA É UM SELO DA EDITORA SCHWARCZ S.A.

GRAFIA ATUALIZADA SEGUNDO O ACORDO ORTOGRÁFICO DA LÍNGUA PORTUGUESA DE 1990, QUE ENTROU EM VIGOR NO BRASIL EM 2009.

TÍTULO ORIGINAL: TASTING PARIS: 100 RECIPES TO EAT LIKE A LOCAL
CAPA: CLAUDIA ESPÍNOLA DE CARVALHO
FOTO DE CAPA: NICOLE FRANZEN
FOTO DE 4ª CAPA: GUENTERS ALBERS/ SHUTTERSTOCK
PREPARAÇÃO: ANDRÉA BRUNO
ÍNDICE REMISSIVO: PROBO POLETTI
REVISÃO: ANGELA DAS NEVES, MÁRCIA MOURA

[2018]
TODOS OS DIREITOS DESTA EDIÇÃO RESERVADOS À
EDITORA SCHWARCZ S.A.
RUA BANDEIRA PAULISTA, 702, CJ. 32
04532-002 — SÃO PAULO — SP
TELEFONE: (11) 3707-3500
WWW.COMPANHIADASLETRAS.COM.BR
INSTAGRAM.COM/COMPANHIADEMESA

ESTA OBRA FOI COMPOSTA POR OSMANE GARCIA FILHO EM MILLER TEXT E BRANDON E IMPRESSA PELA GEOGRÁFICA EM OFSETE SOBRE PAPEL ALTA ALVURA DA SUZANO PAPEL E CELULOSE PARA A EDITORA SCHWARCZ EM SETEMBRO DE 2018

DADOS INTERNACIONAIS DE CATALOGAÇÃO NA PUBLICAÇÃO (CIP)
(CÂMARA BRASILEIRA DO LIVRO, SP, BRASIL)

DUSOULIER, CLOTILDE
    PARIS EM CASA : 100 RECEITAS CLÁSSICAS DA CAPITAL FRANCESA / CLOTILDE DUSOULIER ; TRADUÇÃO LÍGIA AZEVEDO. — 1ª ED. — SÃO PAULO : COMPANHIA DE MESA, 2018.

    TÍTULO ORIGINAL: TASTING PARIS : 100 RECIPES TO EAT LIKE A LOCAL.
    ISBN 978-85-92754-11-2

    1. CULINÁRIA FRANCESA 2. RECEITAS I. TÍTULO.

18-18667   CDD-641.5944

ÍNDICE PARA CATÁLOGO SISTEMÁTICO:
1. CULINÁRIA FRANCESA   641.5944

IOLANDA RODRIGUES BIODE – BIBLIOTECÁRIA – CRB-8/10014

A MARCA FSC® É A GARANTIA DE QUE A MADEIRA UTILIZADA NA FABRICAÇÃO DO PAPEL DESTE LIVRO PROVÉM DE FLORESTAS QUE FORAM GERENCIADAS DE MANEIRA AMBIENTALMENTE CORRETA, SOCIALMENTE JUSTA E ECONOMICAMENTE VIÁVEL, ALÉM DE OUTRAS FONTES DE ORIGEM CONTROLADA.

PARA ANNE,
minha parisiense honorária favorita,
que tornou isto tão divertido.

BEM-VINDO A PARIS
BIENVENUE À PARIS 9

MANHÃ
LE MATIN 15

MEIO-DIA
LE MIDI 46

TARDE
L'APRÈS-MIDI 117

FIM DE TARDE
L'APÉRO 155

NOITE
LE SOIR 182

MADRUGADA
TARD DANS LA NUIT 249

AGRADECIMENTOS 252

ÍNDICE REMISSIVO 253

BEM-VINDO A PARIS

BIENVENUE À PARIS

EM UMA PRIMEIRA OU ATÉ MESMO SEGUNDA VISITA A PARIS, NÃO É DIFÍCIL se deixar seduzir pelas famosas atrações da cidade: avenidas monumentais como a Champs-Élysées — que liga o Arco do Triunfo à Place de la Concorde —, a torre Eiffel, a catedral de Notre-Dame, a Place des Vosges. Morei aqui minha vida inteira, mas meu coração ainda bate mais forte toda vez que passo de bicicleta por uma das pontes do Sena.

Para mim, no entanto, é em comida que penso quando passeio pela minha cidade natal: Saint-Germain-des-Prés me remete aos *macarons* da Pierre Hermé, e Les Halles, ao frango assado da *brasserie* Champeaux. As Tulherias, margeadas ao norte pela Rue de Rivoli, me lembram do Angelina e, portanto, de chocolate quente, e os cafés perto de Porte Dauphine, onde passei meus anos como estudante, evocam o delicioso *croque-madame*, com a gema aveludada escorrendo pela crosta do pão. Barbès seduz com seu cuscuz; Belleville reconforta com sua canja chinesa. De humildes ensopados aos mais sofisticados doces, verduras vibrantes e queijos mofados, do clássico ao criativo, do familiar ao exótico, está tudo aqui, esperando que você desça da estação de metrô mais próxima, abra a porta e entre.

Um dia em Paris pode desdobrar-se de muitas maneiras diferentes e deliciosas. Você prefere começar o dia com um *croissant* bem folhado mergulhado no café com leite, ou uma fatia de pão de centeio com missô vermelho da padaria mais inovadora da cidade? No almoço, fechará os olhos em êxtase à primeira garfada de alface com o mais perfeito vinagrete de bistrô ou optará por uma "pizza" curda de uma lanchonete na Faubourg Saint-Denis?

À tarde, fará uma pausa para tomar um chá preto acompanhado de *madeleines* de Earl Grey ou preferirá desfrutar de um chá de hortelã e biscoitos de água de flor de laranjeira e tâmaras na Grande Mesquita? Em seguida, seus amigos parisienses podem convidá-lo para drinques antes do jantar e surpreendê-lo com uma bebida refinada e atemporal, como um coquetel 75, e mariscos gratinados que eles mesmos fizeram, como se fosse a coisa mais banal do mundo.

Finalmente, você encerrará o dia em seu bistrô favorito para um *pot-au-feu* de aquecer a alma, a menos que decida experimentar aquele novo restaurante que ninguém conhece (ainda), onde provará a mais deliciosa truta — e talvez profiteroles, se sobrar espaço.

Paris é uma cidade multifacetada cuja infinidade de culturas e sabores pulsa em suas ruas. Neste livro, reuni minhas receitas favoritas, assim como as histórias que lhes deram vida, para criar um panorama da minha cidade — e levar um pouco de Paris para sua casa e você matar a saudade entre uma visita e outra.

On y va?

Uma Breve História da Culinária Parisiense

PARIS SEMPRE ESTEVE DESTINADA A SER UMA CIDADE EXCEPCIONAL EM termos de comida e cozinha.

Desde a era romana até o século IV, Paris era chamada de Lutécia. Sua localização às margens do Sena, além da proximidade a dois outros rios, permitiu que a cidade prosperasse e crescesse. As ilhotas no coração da cidade — incluindo as remanescentes Île de la Cité e Île Saint-Louis — facilitavam a travessia do Sena e, portanto, o comércio.

Um amplo vinhedo — o maior da França até o século XIX — enriquecia a paisagem, de modo que os parisienses bebiam vinho local e usavam vinagre para cozinhar. Os férteis pântanos eram ideais para a produção de alimentos, e *maraîchers* ofereciam diariamente folhas, ervas e legumes frescos em seus carrinhos. Mais adiante, uma grande extensão de terra era reservada aos grãos, que eram moídos e depois usados para fazer pão. O fácil acesso a florestas e pastos mantinha a cidade bem provida de carne, selvagem ou de criação, e de laticínios.

Os parisienses eram autossuficientes e deleitavam-se com seu cenário gastronômico único. A cidade, no entanto, também era um importante epicentro de poder e riqueza, e a elite, disposta a comer iguarias de outras províncias francesas e de territórios estrangeiros, importava-as — primeiro via barco, depois através de um sistema viário muito bem desenvolvido, e eventualmente pelas estradas de ferro. Essa abertura à novidade e a sabores internacionais se estendeu a todas as classes, tornando-se um traço notável da culinária parisiense.

Também foi em Paris que nasceu o restaurante como o conhecemos hoje. No fim do século XVIII, quando as famílias nobres fugiram da cidade depois da Revolução Francesa, os criados da cozinha foram deixados

Breakfast

Omelettes

Sandwiches

Tartines Poilâne

Snack

Plat du Jour

Formule

para trás. Esses cozinheiros altamente qualificados tinham praticado seu ofício no âmbito privado, servindo comida *à la française*: múltiplos preparos servidos juntos para oferecer uma gama de opções ridiculamente generosa. Então, eles abandonaram esse modelo ultrapassado e abriram estabelecimentos singulares — os primeiros restaurantes —, onde qualquer um podia entrar e montar uma refeição ao escolher vários pratos de um mesmo cardápio. Mais ou menos nessa mesma época, *pâtissiers* e *charcutiers* abriram novos estabelecimentos cujas vitrines grandes exibiam seus produtos espetaculares. Essa mudança histórica da refeição do âmbito privado para o público levou ao nascimento oficial da gastronomia, com a apreciação da boa comida levada a outro nível e a constituição de um campo de estudo social.

No século XIX, os europeus começaram a viajar mais, e a influência externa contribuiu para o desenvolvimento da cultura culinária de Paris; as *brasseries* e os *bouillons* — restaurantes simples que ofereciam comida barata à classe trabalhadora —, de inspiração alemã, se espalharam, por exemplo. A tendência se estendeu até o século XX, quando franceses migraram das províncias rurais para as cidades antes das Grandes Guerras. Nas décadas seguintes, imigrantes de toda a Europa, Ásia e África trouxeram mais diversidade à mistura, enriquecendo a gastronomia local.

Na história recente, houve duas grandes mudanças na maneira como os parisienses comem: a primeira foi o advento da *nouvelle cuisine* nos anos 1970, que abandonou pratos pesados e molhos enriquecidos. O movimento coincidiu com novas preocupações em termos de saúde, nutrição e sustentabilidade, que desempenham um papel cada vez maior em ditar o que os parisienses comem hoje em dia e o que os restaurantes servem.

Outro marco foi a aparição dos gastrobistrôs nos anos 1990, quando uma geração de jovens chefs com formação clássica decidiu deixar os restaurantes refinados e os hotéis de luxo para abrir seus próprios estabelecimentos. Neles, aplicaram as técnicas da *haute cuisine* a ingredientes menos nobres, tornando sua comida mais acessível. O alvorecer da *bistronomie* foi um momento decisivo para os chefs parisienses, uma vez que ajudou a revigorar os restaurantes e permitiu que aqueles que cozinhavam em casa explorassem esse estilo novo e criativo.

Acredito que hoje a cena da alimentação parisiense está mais estimulante, diversa e aberta do que nunca. Em vista da crise econômica de 2008, chefs e clientes reavaliaram o significado de viver em uma capital gastronômica, e seus padrões são altos. Independência, inovação, diversão e multiculturalismo são valores centrais, e as evoluções nas tendências são abraçadas na mesma medida em que as raízes históricas profundas são honradas e celebradas.

MANHÃ
LE MATIN

Il est cinq heures
Paris s'éveille
—JACQUES DUTRONC

LEVAR MEUS FILHOS À ESCOLA PELA MANHÃ IMPLICA passar pela multidão entrando e saindo de uma estação de metrô art nouveau, por uma padaria de prateleiras cheias e cheiro de *croissants* quentinhos escapando para a calçada pelo sistema de ventilação e por um café de bairro, onde um punhado de clientes tragam expressos no balcão metálico.

Cruzo com outros pais puxando seus filhos pequenos, funcionários da prefeitura recolhendo os rastros da noite anterior, empregados da *charcuterie* da esquina, executivos vestidos de acordo, ajustando a gravata ou a echarpe. Ainda faz silêncio, mas a cidade está despertando, e em um dia de sorte o céu está azul e cor-de-rosa sobre a Sacré-Coeur.

Dias cheios de promessas começam com um bom café da manhã. Enquanto estudo os outros parisienses, trocando sorrisos com os que me são familiares, pergunto-me secretamente sobre seu *petit déjeuner*. Uma *tartine* com manteiga mergulhada no *chocolat chaud*? Uma tigela de cereal com iogurte? Um brioche guardado na pasta para ser consumido mais tarde?

Independentemente de seu estilo, este capítulo apresenta deliciosas opções para um café da manhã ou um brunch ao estilo parisiense, *chez vous*.

~CAFÉ AU LAIT~
classique

CAFÉ COM LEITE
CLÁSSICO

SERVE 2

CAFÉ AU LAIT, OU SEJA, LEITE INTEGRAL E CAFÉ EM QUANTIDADES IGUAIS mesclados em uma bebida matinal suave e sedosa, é um amado bastião do café da manhã de estilo caseiro na França. O truque é começar com um café bem forte para que o sabor dos grãos apareça apesar do leite. Servi-lo em uma tigela também é importante (idealmente uma lascada, comprada no mercado de pulgas), de modo que você possa mergulhar uma *tartine* com manteiga ou a pontinha do *croissant*.

Note que, quando pedir *café au lait* em um café parisiense, ainda que seu sotaque francês seja perfeito, você vai entregar na hora que não é daqui. Essa é a bebida que os franceses tomam na privacidade de sua própria cozinha, com café coado e leite aquecido. O que você deve pedir ao garçom é um *café crème*, feito com expresso e leite vaporizado na máquina, que vai ser servido em uma *tasse*. E não se deve mergulhar nada nela.

1½ xícara (360 ml) de café forte

1½ xícara (360 ml) de leite integral (ou alguma alternativa sem lactose, desde que não seja aromatizado nem contenha açúcar)

Açúcar (opcional)

· **VARIAÇÃO** ·
Para um *café au lait* espumoso, bata o leite quente (com cuidado) por alguns segundos no liquidificador ou use o bico vaporizador da máquina de expresso para aquecê-lo.

Separe duas tigelas (ou canecas), cada uma com capacidade média de 1½ xícara (360 ml).

Enquanto o café passa pelo coador, leve o leite ao fogo, desligando antes que comece a ferver. Divida o café quente entre as duas tigelas, acrescente o leite quente e misture.

Sirva na hora, deixando o açúcar à mão para quem quiser.

~ŒUFS POCHÉS ~
chapelure et oignon en aigre-doux

OVOS POCHÉS COM FARELO DE PÃO E CEBOLA AGRIDOCE

SERVE 4

NOS ÚLTIMOS ANOS, A CENA DA ALIMENTAÇÃO MATINAL EM PARIS TEM experimentado um muito necessário renascimento. Sim, os cafés tradicionais há tempos são centrais na dinâmica social da cidade, mas ninguém vai pelo café em si. Por sorte, uma jovem geração de entusiastas, maravilhados com o café artesanal que consumiram em Melbourne, Londres ou Nova York, decidiu que os franceses também mereciam ter um café fabuloso. Agora, todo bairro de Paris tem inúmeros estabelecimentos independentes, onde é garantido um bom café — e alguns pratos criativos. Meu favorito em Montmartre é o Cuillier, popular entre os locais, que vão logo cedo para começar o dia com o pé direito. Quando estão com fome, talvez optem por este ovo *poché* com iogurte, farelo de pão e cebola agridoce. Uma combinação intrigante de ingredientes, concordo, mas surpreendentemente bem-sucedida.

· **NOTA** ·
É importante que os ovos estejam muito frescos, porque a gema não é cozida no ovo *poché*.

· **VARIAÇÃO** ·
Sirva sobre espinafre refogado ou batata-doce cozida.

1 colher (sopa) de manteiga sem sal ou gordura de bacon derretida

½ xícara (50 g) de farelo de pão ou farinha tipo panko (ver Faça seu próprio farelo de pão, p. 18)

1 colher (sopa) de vinagre

Sal marinho refinado

4 ovos grandes (ver Nota), direto da geladeira

1½ xícara (360 ml) de iogurte grego integral sem açúcar, de preferência em temperatura ambiente

Pimenta-do-reino moída na hora

Cebola roxa agridoce (p. 19)

Em uma frigideira pequena, derreta a manteiga no fogo médio. Acrescente o farelo de pão, misture bem e cozinhe, mexendo com frequência por 3 a 4 minutos, até ficar levemente dourado. Transfira para uma tigela.

Coloque água até a metade de uma panela média. Acrescente o vinagre e ½ colher (chá) de sal e leve para ferver. Reduza o fogo para que a água fique em uma fervura lenta. O objetivo é que a água fique tão quente quanto possível sem produzir tantas bolhas e se agitar a ponto de a clara do ovo se dispersar.

Quebre 1 ovo em uma concha. Leve-a até a panela, mantendo-a encostada na lateral para que o *ovo* permaneça dentro dela nesse primeiro momento. Remova a concha e deixe o ovo cozinhar por 3 minutos (ou de 4 a 5 se preferir a gema firme) sem interferência. Tire o ovo com uma escumadeira e reserve em um prato. Repita o processo com os ovos restantes. (Fazer ovos *pochés* exige alguma prática; não desanime se não saírem perfeitos da primeira vez.)

Divida o iogurte em quatro tigelas rasas. Coloque 1 ovo *poché* em cada uma e tempere com sal e pimenta-do-reino. Polvilhe o farelo de pão, cubra com algumas fatias de cebola agridoce e sirva.

FAÇA SEU PRÓPRIO FARELO DE PÃO

Se você comprar um bom pão e tiver um liquidificador ou processador de alimentos, não há necessidade de usar farinha tipo panko. Deixe que sobras de pão sequem completamente em uma tigela e bata até ficar bem fino (é um processo muito barulhento, mas eficiente). Não se preocupe se as migalhas não estiverem uniformes. Transfira para um recipiente hermético, mantenha em temperatura ambiente e use em até 3 meses.

CEBOLA ROXA AGRIDOCE

Oignon rouge en aigre-doux

RENDE CERCA DE 1½ XÍCARA (360 ML)

ESTA RECEITA DE PICLES TRANSFORMA uma cebola roxa nas mais lindas lascas cor-de-rosa, que acrescentam delicadas notas doces, azedas, pungentes e crocantes em saladas, legumes assados, sanduíches e outros pratos de café da manhã.

1 cebola roxa média (cerca de 225 g) descascada

3 xícaras (720 ml) de água fervente

1 xícara (240 ml) de vinagre de vinho branco ou de maçã

1 colher (sopa) de açúcar

1 colher (chá) de sal marinho refinado

2 colheres (chá) de temperos, como pimenta-do-reino, pimenta-rosa, coentro e cominho em grãos ou zimbro (opcional)

· **VARIAÇÃO** ·
Acrescente 1 pimenta dedo-de-moça pequena em fatias finas ao pote, distribuída entre os anéis de cebola.

Deixe à mão um pote de vidro com capacidade para 1½ xícara (360 ml) com tampa e imaculadamente limpo.

Com uma faca afiada ou mandolina, corte a cebola em fatias de 4 mm de espessura, da extremidade do bulbo às raízes. Ponha as fatias em um escorredor de metal sobre a pia, separando-as em anéis.

Despeje a água fervente por cima dos anéis de cebola. Coloque tudo no pote.

Em uma panela pequena, misture o vinagre, o açúcar, o sal e os temperos (se for usar) e mantenha em fogo baixo, mexendo para dissolver o açúcar e o sal. Despeje tudo no pote, empurre os anéis de cebola para que fiquem totalmente imersos e tampe. Deixe esfriar completamente antes de usar, mantendo o pote de vidro em temperatura ambiente por 1 a 2 horas.

Guarde as sobras na geladeira por até 1 mês. Os picles vão ganhar mais sabor nos próximos 2 dias.

~PAIN AU CACAO~
et chocolat

PÃO DE CHOCOLATE

RENDE 3 PÃES DE 340 G

A RUE DES MARTYRS SE ESTENDE DO NONO *ARRONDISSEMENT* **ATÉ O 18º,** uma típica rua comercial parisiense que desafia toda a lógica ao oferecer meia dúzia de *boulangeries* movimentadas, algumas a um quarteirão de distância de outras. Os parisienses podem se dar a esse luxo, de escolher a padaria da esquina entre tantas outras. A minha é a Maison Landemaine, que oferece um pão de chocolate delicioso. Esta receita não deve ser confundida com o *pain au chocolat*, um *croissant* com dois palitos de chocolate dentro. Estou falando de um pão de fermentação natural com cacau em pó e gotas de chocolate. Nem doce nem pesado demais, é a maneira perfeita de começar o dia, levemente torrado e com manteiga comum ou de amêndoa por cima.

Esta receita rende três pães médios; sugiro comer um assim que estiver pronto, dar o segundo a alguém e congelar o terceiro. (Há alguma lição de vida nisso.)

· **NOTA** ·
Deixar a massa de pão descansar durante a noite ajuda a realçar o sabor, e você ganha tempo durante o preparo da receita.

· **VARIAÇÃO** ·
Acrescente cerejas secas ou avelãs torradas à massa.

2¼ colheres (chá) de fermento biológico seco

2¼ xícaras (540 ml) de água morna

5¼ xícaras (680 g) de farinha de trigo, e mais um pouco para polvilhar

½ xícara (60 g) de cacau alcalino em pó sem açúcar

2 colheres (sopa) (25 g) de açúcar

2 colheres (chá) de sal marinho refinado

140 g de chocolate meio amargo (com 60% a 70% de cacau) em gotas ou picado

Prepare a massa 1 dia antes de assar. Dissolva o fermento em 1 xícara (240 ml) de água morna (ver Como ativar o fermento, ao lado).

Na tigela de uma batedeira com o gancho acoplado (ou em uma tigela grande, se for usar a mão), misture a farinha, o cacau, o açúcar, o sal, a mistura de fermento e o restante da água morna (1¼ xícara ou 300 ml). Bata em velocidade média-baixa por 5 minutos (se estiver usando a mão, transfira tudo para a superfície de trabalho e sove por 10 minutos), até que a massa esteja homogênea e desgrude das laterais da tigela ou da superfície. Acrescente as gotas de chocolate e sove para distribuir. (Se estiver fazendo na mão, devolva tudo à tigela.) Cubra a tigela com um pano de prato limpo e deixe descansar por 1 hora em temperatura ambiente, em um lugar protegido de correntes de ar.

Depois do descanso, "dobre" a massa cerca de 12 vezes na tigela, tirando-a das laterais e dobrando-a por cima dela mesma com uma espátula. Isso apura o sabor e cria uma crosta bem estruturada. Cubra a tigela com filme e leve à geladeira por 8 a 12 horas.

No dia seguinte, retire da geladeira; a massa deve ter dobrado de tamanho. Remova o filme e cubra a tigela com um pano de prato limpo. Deixe que a massa retorne à temperatura ambiente, o que deve levar cerca de 1 hora.

COMO ATIVAR O FERMENTO

Para ativar seu fermento, é preciso dissolvê-lo. Em uma tigela, misture o fermento com a água morna conforme indicado na receita. Reserve por 10 minutos, até a superfície espumar. Se isso não acontecer, o fermento provavelmente está velho demais; descarte e repita o processo com um novo.

Forre uma assadeira com papel-manteiga. Passe a massa para uma superfície bem enfarinhada e divida em três partes iguais. Para moldar cada uma delas em *bâtard*, o filão, primeiro amasse em um círculo de cerca de 20 cm de diâmetro; se a massa estiver dura, use o punho para forçá-la. Imagine que o círculo é um mostrador de relógio. Pegue a massa onde estariam o 10 e o 2 e faça as duas pontas se encontrarem no centro, formando um triângulo estreito com a ponta maior para cima. Vire a massa para que essa ponta esteja voltada para você, então enrole o triângulo de maneira delicada e firme, começando por essa ponta e envolvendo as laterais até chegar à outra.

Transfira para uma assadeira, deixando os filões alguns centímetros afastados uns dos outros, e deixe descansar por 30 minutos.

Preaqueça o forno a 230°C.

Faça três cortes inclinados sobre o topo de cada pão com uma faca afiada. Asse na grade do meio do forno, vire a assadeira depois de 30 minutos e asse por mais 10 a 15 minutos, até que o pão soe oco ao dar um tapa no fundo.

Transfira para uma grade e deixe esfriar completamente antes de comer. (O pão vai ficar grudento e decepcionante se você fatiar cedo demais.)

MANHÃ ~ 21

~COMPOTE DE FRUITS~
au thé et au miel, yaourt

COMPOTA DE FRUTAS
COM CHÁ, MEL E IOGURTE

SERVE 6

SE VOCÊ ENTRASSE ESCONDIDO EM UMA CASA PARISIENSE E ABRISSE a geladeira, pelo menos uma coisa encontraria com toda a certeza: iogurte. Muito iogurte. *Yaourt* é tão importante na dieta francesa que é quase um grupo alimentar separado; a variedade oferecida por qualquer supermercado se espalha por inúmeros corredores — e isso só considerando iogurte natural e sem açúcar. Se quiser entrar no mundo dos iogurtes com sabor, bem, ficaremos um bom tempo aqui. Além dos sabores de fruta e das opções mais comuns (frutas vermelhas, tropicais, cítricas; com pedaços, homogênea, com geleia embaixo), toda uma variedade de sabores inspirados em sobremesas tomou conta dos supermercados, incluindo *tarte tatin*, *macaron* de chocolate, caramelo com manteiga salgada, *charlotte* de morango...

Eu prefiro o iogurte natural, que amo tomar com uma compota de frutas cozidas no chá e adoçada com mel no café da manhã. Faço uma quantidade grande no sábado ou no domingo que dura toda a semana. No verão, uso pêssego, damasco e cereja; no inverno, maçã, pera, ameixa ou uva. Use essa fórmula com qualquer combinação de frutas; é um bom jeito de aproveitar frutas que não estão tão boas e são vendidas a um preço mais baixo.

1 colher (sopa) de folhas soltas de chá à sua escolha (verde, preto ou rooibos)

¼ de xícara (85 g) de mel

900 g de frutas da estação misturadas

Iogurte natural integral (com ou sem lactose), para servir

Leve 2 xícaras (480 ml) de água para ferver e coloque o chá nela, seguindo as instruções do pacote. Coe em uma panela grande, inclua o mel e mexa até dissolver.

Enquanto isso, prepare as frutas. Descasque se necessário, remova o miolo e os caroços e corte em cunhas ou cubos de 2,5 cm. Coloque metade das frutas na panela com chá. Deixe ferver levemente em fogo médio, mexendo de vez em quando, até que as frutas estejam macias e cozidas, mas não se desfazendo, o que deve levar de 3 a 15 minutos, dependendo do tipo de fruta e de quão maduras estão.

Com uma escumadeira, pegue as frutas e coloque em uma tigela para servir (ou em um pote de vidro com tampa, se for guardar para outro dia). Repita o processo com o restante das frutas misturadas. Deixe esfriar, então cubra e guarde na geladeira por 3 a 4 dias. (O chá frutado que restar pode ser consumido gelado depois.)

Sirva a compota fria ou em temperatura ambiente, com um pouco de iogurte.

CAFÉ DA MANHÃ & BRUNCH

EM PARIS, ASSIM COMO NA MAIOR PARTE DA FRANÇA, O CAFÉ DA MANHÃ é considerado uma refeição privada, que se faz em casa, e raramente envolve cozinhar: sentamos à mesa da (pequena) cozinha para comer uma torrada com manteiga ou geleia, uma tigela de cereal com leite ou fruta com iogurte (ver p. 23).

Para aqueles que não conseguem acordar na hora, os cafés mantêm uma cesta de *croissants* fresquinhos no balcão a manhã inteira, e os clientes podem se servir de um enquanto tomam um expresso de pé. Quando a cesta esvazia, um garçom corre (literalmente) até a padaria mais próxima para enchê-la.

Se prefere comer sentado, os cafés em geral oferecem algumas opções fechadas, a mais simples incluindo *croissant*, baguete fresca, manteiga, geleia, café ou chá e suco de laranja. Quem tem mais apetite em geral escolhe o café continental, que inclui ovo frito e presunto.

Mas e o brunch? Ainda considerado uma excitante novidade no começo dos anos 2000, ele foi entusiasticamente adotado pelos parisienses, embora tenha levado uma boa década para que os restaurantes aderissem ao conceito e começassem a oferecer um brunch de verdade, e não apenas cobrar mais caro pelos ovos e fazer saladas com as sobras.

Agora há uma infinidade de lugares para ir em uma manhã de sábado ou domingo comer um ovo gostoso e pratos típicos de brunch, servidos generosamente ou em esquema de bufê. É divertido observar como os franceses se apropriam do formato, com saladas de endívia, frango assado, queijos envelhecidos, quiches, crepes, brioches e *croques-madame* entrando na festa.

~BRIOCHE~
du matin

BRIOCHE MATINAL

RENDE 12 BRIOCHES INDIVIDUAIS OU 2 BRIOCHES EM FORMA DE FLOR

PARIS É O PARAÍSO DOS BRIOCHES. DISPONÍVEIS EM QUALQUER PADARIA de esquina, esse pão amanteigado pode vir em todos os formatos e tamanhos, do individual a maiores assados em fôrmas lindamente decoradas; simples ou com água de flor de laranjeira; cobertos com confeito ou recheados com gotas de chocolate. Sou fã dos mais simples: brioches individuais com açúcar polvilhado por cima.

A massa do brioche se beneficia de uma noite de descanso na geladeira, então você pode prepará-la 1 dia antes, mas moldar e assar pela manhã. Quando todo mundo já estiver de banho tomado e pronto para sair (ou no minuto em que seus convidados tocarem a campainha), o cheiro de fermento e manteiga vai estar no ar, e pãezinhos dourados esperarão por eles na mesa.

· **NOTAS** ·

A massa pode ser congelada depois de moldada. Coloque a(s) assadeira(s) no congelador por 2 horas, então transfira a massa para um saco tipo zip. Antes de assar, coloque a massa sobre papel-manteiga para passar a noite na geladeira.

Você também pode congelar brioches depois de assar e esfriar. Para servir, deixe passar a noite na geladeira e coloque no forno a 175°C por 5 minutos para recuperar a textura.

Esta receita praticamente implora por um pouco de Geleia rápida de amora (ver p. 40) ou Creme de chocolate com avelã (p. 43).

No dia seguinte, o que sobrar pode ser torrado e transformado em Torrada com amêndoa e amora (p. 39).

26 ~ PARIS EM CASA

2 ¼ colheres (chá) de fermento biológico seco

¼ de xícara (60 ml) de água morna

3 xícaras (400 g) de farinha de trigo

½ xícara (100 g) de açúcar

1 colher (chá) de sal marinho refinado, mais uma pitada para os ovos batidos

5 ovos grandes

12 colheres (sopa) (170 g) de manteiga sem sal, picada, em temperatura ambiente

Açúcar cristal, para polvilhar (opcional)

Comece a preparar a massa 1 dia antes de servir. Dissolva o fermento em água morna (ver Como ativar o fermento, p. 21).

Na tigela de uma batedeira com o gancho acoplado, junte a farinha, o fermento dissolvido em água, o açúcar e o sal. Acrescente 4 ovos e bata em velocidade baixa por cerca de 2 minutos, até obter uma mistura homogênea. Passe para a velocidade média e bata por aproximadamente 2 minutos, até a massa desgrudar das laterais da tigela. Junte a manteiga pedaço a pedaço e bata até incorporar, por mais 2 minutos, sempre limpando as laterais da tigela. (Você pode trabalhar a massa na mão sobre uma superfície plana; é preciso persistência, já que a massa é grudenta. Sove por 10 minutos antes de incorporar a manteiga, e mais 10 minutos depois. Coloque em uma tigela quando terminar.)

Cubra a tigela e deixe a massa crescer em temperatura ambiente em um local protegido de correntes de ar por 1h30 a 2 horas, até dobrar de tamanho.

Cubra a tigela com filme e leve à geladeira por 8 a 12 horas.

No dia seguinte, retire a massa da geladeira. Cubra duas assadeiras com papel-manteiga.

Em uma tigela, bata levemente o ovo restante com uma pitada de sal e 2 colheres (chá) de água, para pincelar os brioches.

Coloque a massa em uma superfície de trabalho levemente enfarinhada. Divida-a em 12 partes e, com as mãos levemente enfarinhadas, forme bolas. Para brioches individuais, transfira as bolinhas para as assadeiras, colocando-as a 5 cm de distância umas das outras. Para 2 brioches em formato de flor, disponha uma flor em cada assadeira, colocando 1 bola no meio e outras 5 em volta.

Tire o excesso de farinha do topo e das laterais e pincele a mistura de ovo (guarde o que sobrar na geladeira). Reserve os brioches em temperatura ambiente por 30 minutos.

Preaqueça o forno a 175°C.

Pincele com a mistura de ovo novamente e polvilhe o açúcar se desejar. Asse até ficar dourado, por cerca de 15 minutos no caso dos brioches individuais e 20 a 25 no dos pães em formato de flor, virando as assadeiras e invertendo as posições na grade do forno na metade do tempo.

Transfira para uma grade para esfriar. Sirva ligeiramente quente ou em temperatura ambiente.

· **VARIAÇÕES** ·

Misture 1 xícara (160 g) de gotas de chocolate de boa qualidade na massa depois de trabalhá-la e exclua o açúcar.

Use apenas 3 ovos inteiros e 1 gema na massa e acrescente 3 colheres (sopa) de água de flor de laranjeira à mistura.

LA MAISON POILÂNE

≡ Três gerações de padeiros ≡

A CENA DA PANIFICAÇÃO EM PARIS NÃO SERIA O QUE É SEM A VISÃO E O trabalho duro da família Poilâne.

Da segunda geração de padeiros, Lionel Poilâne assumiu o negócio da família na Rue du Cherche-Midi nos anos 1970. Assim como seu pai, Pierre, ele ficou chocado com o pão branquíssimo que os consumidores passaram a preferir com o final da Segunda Guerra Mundial, como um símbolo de paz e abundância.

Lionel era inflexivelmente apegado ao *miche Poilâne*, um pão de fermentação natural grande o bastante para abraçar que Pierre havia desenvolvido no começo dos anos 1930, usando farinha integral de moinho de pedra e assado no forno a lenha antigo que ficava um lance de degraus escorregadios abaixo do estabelecimento em Saint-Germain-des-Prés.

Lionel administrou o negócio com maestria por três décadas, desenvolvendo a marca no exterior e expandindo a produção ao mesmo tempo que mantinha a missão artesanal da padaria. Quando os parisienses começaram a se cansar da insipidez e do vácuo nutricional do pão branco, a Poilâne estava bem ali, esperando por eles.

Lionel e sua esposa, Irena, morreram em um trágico acidente em 2002. A filha mais velha deles, Apollonia, que tinha apenas dezoito anos, assumiu o negócio com uma notável presença de espírito e continua no comando até hoje. Agora com seis lojas, em Paris, Londres e na Antuérpia, ela seguiu os passos do pai, mantendo a variedade de produtos limitada e incluindo apenas suas próprias criações — um biscoito amanteigado em forma de colher para mexer o café, um bolo de mel e especiarias, uma barra de cereais — depois de uma cuidadosa deliberação.

Há algo de luminosamente parisiense nessa filosofia de menos é mais, e a Maison Poilâne é o padrão com o qual todas as padarias da cidade são julgadas. Para qualquer um apaixonado por pães artesanais e negócios familiares, a visita à butique da Cherche-Midi é imperdível, com seus anos de história e seu charme do Velho Mundo.

Sou freguesa desde que era pequena, quando meu pai levava minha irmã e eu nas manhãs de sábado para comer *miche*. Recomendo comprar um quarto do famoso pão, mas não ignore o pão de centeio (meu favorito) e prove um *punition* (biscoito amanteigado) que fica na cesta ao lado do caixa — tem gostinho de infância.

~BAGHRIRS~

PANQUECAS MARROQUINAS

RENDE 16

TAMBÉM CHAMADAS DE *CRÊPES MILLE-TROUS* (CREPES COM MIL FURINHOS), *baghrirs* são uma iguaria popular no Norte da África, principalmente no Ramadã. Durante o mês de jejum, muçulmanos de Paris e do resto do mundo se abstêm de comer e beber do nascer ao pôr do sol. Quando a noite chega, amigos e familiares se reúnem para quebrar o jejum com um grande banquete. Na mesa das famílias originárias do Marrocos, da Argélia e da Tunísia em geral há *chorba* (sopa de cordeiro), *pastilla* (uma torta folhada de pombo), cuscuz e tagine (ver pp. 198 e 88), além de uma travessa de *baghrirs*. Essas panquecas simples vão ao fogo na frigideira e não devem ser viradas, e são suas bolhas que originam os (mais ou menos) mil furinhos. A massa leva fermento biológico e fica levemente empelotada por causa do uso da semolina. *Baghrirs* são servidas quentes, com manteiga derretida e mel. Para comer, deve-se enrolá-las com a ponta dos dedos.

Mantendo o espírito de quebrar o jejum, essas panquecas do Norte da África ficam deliciosas no café da manhã ou no brunch.

· **NOTA** ·
Embora a *baghrir* tradicional leve apenas fermento biológico, cozinheiros contemporâneos usam esta receita, que inclui fermento químico e requer apenas um curto descanso.

30 ~ PARIS EM CASA

2¼ colheres (chá) de fermento biológico seco

½ xícara (120 ml) de água morna

1¼ xícara (200 g) de semolina

1½ colher (chá) de fermento químico em pó

¼ de colher (chá) de sal marinho refinado

3 ovos grandes

3 colheres (sopa) (55 g) de mel

4 colheres (sopa) (55 g) de manteiga sem sal

Óleo neutro (canola ou girassol)

Comece o preparo 1 hora antes de servir. Dissolva o fermento biológico em água morna (ver Como ativar o fermento, p. 21).

Em uma tigela média, junte a semolina, o fermento químico e o sal (ver Nota). Incorpore a mistura de fermento biológico, os ovos e ¼ de xícara (60 ml) de água fria até obter uma massa cremosa, nem tão grossa nem tão líquida, como a de panqueca. Acrescente água conforme necessário, 1 colher de sopa por vez, para chegar à consistência certa. Cubra e deixe descansar em temperatura ambiente por 30 minutos.

Em uma panela pequena, derreta o mel e a manteiga em fogo baixo, mexendo com frequência.

Aqueça uma frigideira grande no fogo médio. Acrescente ½ colher (chá) de óleo e espalhe pelo fundo da frigideira com um papel-toalha amassado, para absorver o excesso de gordura (cuidado com os dedos). Mantenha o papel-toalha em uma xícara perto do fogão.

Com uma concha pequena, coloque cerca de 3 colheres (sopa) de massa no centro da frigideira. Deixe que cozinhe sem mexer até que as bolhas surjam na superfície, em cerca de 3 a 5 minutos. A *baghrir* estará pronta quando a parte de cima ficar coberta de buracos. Não vire: a panqueca só deve ser cozida de um lado.

Transfira para um prato, cubra com um papel-toalha para manter quente e repita o processo com o restante da massa, colocando mais óleo na frigideira cuidadosamente com o papel-toalha. Assim que estiver confortável com o processo, faça 2 a 3 *baghrirs* de uma vez, dependendo de quantas couberem na frigideira.

Sirva quente, com a manteiga com mel por cima. Cubra e guarde as sobras na geladeira por até 2 dias; reaqueça com cuidado em uma frigideira seca ou torradeira.

O CROISSANT PARISIENSE

O CENÁRIO: UM TÍPICO CAFÉ PARISIENSE DE MANHÃ CEDO. UM HOMEM SE aproxima do balcão. "*Un express, s'il vous plaît!*" Em meio ao tinido e ao chiado da máquina de café, ele pega um *croissant* da cesta sobre o balcão e o devora em três mordidas, protegendo a gravata da chuva de migalhas.

Croissants estão por toda parte em Paris. Do saco de papel manchado de gordura levado para o primeiro compromisso do dia a crianças comendo o lanche da tarde, a iguaria em forma de lua crescente é tão parte do cenário da cidade quanto a torre Eiffel.

Feito com uma massa fermentada e aerada, pairando entre o doce e o salgado, um bom *croissant* é fruto de verdadeiro artesanato e exige manteiga e farinha da mais alta qualidade, habilidades bem desenvolvidas e tempo para que o sabor da massa se apure. O resultado é tão bom que você se cala de imediato: duas pontinhas irresistivelmente crocantes, uma casca quebradiça e levemente caramelizada, o miolo úmido e cremoso, e o gosto puro da manteiga.

É através do *croissant* que eu avalio a qualidade de uma padaria: um produto incrivelmente simples e complexo, revelador do toque do artesão.

Infelizmente, cada vez menos *boulangers* fazem *croissant* do zero. O processo pode durar até 3 dias, e o *croissant* é uma necessidade tão básica que os parisienses não estão dispostos a pagar caro por ele. Normalmente são vendidos a preço de custo, a menos que o estabelecimento opte por comprar os industrializados ou congelados para obter uma margem de lucro maior.

Um paladar experiente distingue a diferença, ou você pode usar sua intuição. Qual é a primeira impressão ao entrar na *boulangerie*? Os produtos têm um estilo padronizado? Os atendentes parecem conhecer o que vendem? Nesse caso, você deu sorte; vá em frente e dê uma mordida.

~AVOCAT~
façon œuf mimosa

AVOCADO RECHEADO

SERVE 8

PARIS COSTUMAVA SER UM LUGAR HOSTIL AOS VEGETARIANOS — E AINDA mais aos veganos. Tirando um punhado de restaurantes vegetarianos, garçons e chefs não faziam ideia do que eram refeições baseadas em legumes e verduras. Os cardápios dos restaurantes não apresentavam opções sem carne, e os vegetarianos tinham que se contentar com uma mixórdia de acompanhamentos ou uma sopa.

A cena gastronômica de Paris sofreu uma guinada histórica na direção dos vegetais por volta da virada do século XX; o chef Alain Passard liderou a iniciativa com um cardápio disruptivo que continha apenas vegetais em seu restaurante três estrelas. Agora é comum encontrar pratos de inspiração vegetariana em bistrôs contemporâneos, e fervilham na cidade restaurantes devotados a refeições com base vegetal, do tipo em que se pode levar um amigo onívoro sem que ele sequer note a ausência de carne. O principal deles é o restaurante gastrovegano Le Potager de Charlotte, cuja entrada mais conhecida é o *avocat façon œuf mimosa*, avocado com homus, cúrcuma e sementes de abóbora torradas. Sirvo um monte deles em uma travessa, para comer com colher, em brunchs; parecem muito apetitosos e são sempre o primeiro prato a acabar.

400 g de grão-de-bico em conserva, lavado e escorrido (ver Nota)

2 colheres (chá) de tahine

1 dente de alho

1 colher (chá) de cúrcuma

Sal marinho refinado

¼ de colher (chá) de pimenta-do-reino moída na hora

2 colheres (sopa) de sumo de limão-siciliano espremido na hora, ou mais a gosto

2 colheres (sopa) de azeite

4 avocados (cerca de 170 g cada), cortado no meio, sem caroço

1 colher (chá) de páprica defumada ou comum

Flor de sal, para servir

½ xícara (115 g) de semente de abóbora torrada

3 colheres (sopa) de cebolinha bem picada

· **NOTA** ·
Para cozinhar o grão-de-bico em casa, deixe ½ xícara (110 g) do grão seco de molho durante a noite e leve a uma panela com água fervente por cerca de 1 hora, até que esteja cozido e macio. Escorra bem.

Em um processador de alimentos, bata o grão-de-bico, o tahine, o alho, a cúrcuma, 1 colher (chá) de sal, a pimenta, o sumo de limão-siciliano, o azeite e 3 colheres (sopa) de água, até ficar homogêneo. Acrescente um pouco mais de água, 1 colher de sopa por vez, conforme necessário para ficar cremoso, mas ainda dê para formar uma bola com uma colher. Experimente e acrescente sal ou sumo de limão-siciliano a gosto.

Coloque 2 colheres (sopa) cheias de homus na concavidade de cada avocado.

Disponha em uma travessa. Polvilhe páprica, flor de sal, sementes de abóbora e cebolinha.

~PAIN~
de seigle au miso rouge

PÃO DE CENTEIO COM MISSÔ VERMELHO

RENDE 1 PÃO DE 400 G

AINDA É POSSÍVEL ACHAR PADARIAS TRADICIONAIS EM PARIS, ONDE UMA *boulangère* cronicamente irritada vende *croissants ordinaires* feitos com margarina, mas são muito mais comuns hoje os estabelecimentos descolados que investem na decoração e são muito cuidadosos na variedade de produtos que oferecem. Gontran Cherrier está entre os mais talentosos que adotaram essa abordagem.

A primeira padaria dele, em uma parte residencial do 18º *arrondissement*, é um espaço iluminado com pé-direito alto que vende lindos pães especiais e doces delicados. Tenho um fraco por este pão de centeio com missô vermelho, imponente com seu tom escuro quase vulcânico e sua crosta robusta. O sabor é diferente de qualquer outro pão que já provei, cujo aroma maltado do centeio une forças com o salgado forte e penetrante do missô vermelho (também chamado *akamiso*).

Tive acesso a algumas informações de Cherrier (*merci, Gontran!*), e esta versão caseira fica muito próxima da original. A técnica do *pâte fermentée* em dois passos cria um sabor complexo sem necessidade de começar com a massa lêveda. Você vai notar que o miolo denso, parecido com um bolo, fica particularmente extasiante com manteiga comum, manteiga de oleaginosas ou queijo.

PARA O PRÉ-FERMENTO

½ colher (chá) de fermento biológico seco

½ xícara (120 ml) de água morna

130 g de farinha de centeio (cerca de 1 xícara)

½ colher (chá) de sal marinho refinado

PARA A MASSA FINAL

½ colher (chá) de fermento biológico seco

¾ de xícara (180 ml) de água morna

200 g de farinha de centeio (cerca de 1½ xícara), e mais um pouco para polvilhar

2 colheres (sopa) (30 g) de missô vermelho

FAÇA O PRÉ-FERMENTO PELO MENOS UMA NOITE ANTES DE SERVIR: Dissolva o fermento em ½ xícara de água morna (ver Como ativar o fermento, p. 21).

Em uma tigela média, junte os 130 g de farinha de centeio, sal e o fermento dissolvido. Mexa com uma colher de pau até que a massa grude formando uma bola grosseira. Cubra a tigela com filme e reserve em temperatura ambiente por 1 a 2 horas. Deixe na geladeira durante a noite.

Retire da geladeira 1 hora antes de continuar.

(continua)

FAÇA A MASSA FINAL: Dissolva o fermento em ¾ de xícara de água morna.

Forre uma assadeira com papel-manteiga. Adicione ao pré-fermento 200 g de farinha de centeio, o fermento dissolvido e o missô. Mexa com uma colher de pau até misturar bem. A massa deve ficar solta e grudenta.

Coloque a massa na assadeira e use uma espátula para moldar em forma de uma bola com 15 cm de diâmetro. Faça talhos paralelos no topo com uma faca. Polvilhe um pouco de farinha de centeio, cubra grosseiramente com filme e deixe descansar por 2 horas em temperatura ambiente em um local protegido de correntes de ar. Como o pão é 100% de centeio, não vai crescer muito, apenas por volta de 50%.

Coloque uma assadeira média na grade de baixo do forno e encha com 2 xícaras (480 ml) de água fervente. Se tiver uma pedra de pizza, coloque na grade do meio do forno.

Preaqueça o forno a 230°C.

Retire o filme da massa. Coloque a assadeira na grade do meio do forno, ou, se estiver usando uma pedra de pizza, deslize o papel-manteiga com cuidado até ela, de preferência usando uma pá de forneiro. Asse por 20 minutos, então reduza a temperatura para 200°C, até que o pão fique marrom-escuro e soe oco ao dar um tapa no fundo, cerca de 30 minutos depois.

Transfira para uma grade e deixe esfriar completamente antes de cortar. (Se experimentar o pão antes disso, vai achá-lo grudento e decepcionante. O gosto melhora ainda mais se descansar durante a noite.) Não espere um pão aerado; trata-se de um pão compacto por definição.

~BOSTOCK~
à la mûre

TORRADA
COM AMÊNDOA E AMORA

RENDE 8

IMAGINE QUE A RABANADA E O *CROISSANT* DE AMÊNDOA TÊM UM FILHO juntos. O *bostock* é isto: uma maneira criativa de reaproveitar o brioche amanhecido passando manteiga de amêndoa nele e levando de volta ao forno. Coberto com amêndoas laminadas e açúcar de confeiteiro, é um café da manhã maravilhoso.

Embora seja um clássico francês, o *bostock* voltou a se destacar só recentemente, aparecendo aqui e ali nas vitrines das confeitarias, como no Café Pouchkine, um estabelecimento luxuoso que também funciona como casa de chá e é a filial em Paris de uma popular instituição moscovita. Na versão deles, uma colherada de geleia de blueberry é escondida entre o brioche e o *crème d'amande*, como um bolso surpresa repleto de acidez frutada. Nesta receita, gosto de substituir a geleia de blueberry por geleia de amora.

PARA O RECHEIO E O XAROPE

½ xícara (120 ml) de Geleia rápida de amora (receita a seguir), ou geleia pronta de amora ou blueberry

2 colheres (sopa) de açúcar

1 colher (sopa) de rum escuro (opcional)

PARA O CREME DE AMÊNDOA

1 xícara (100 g) de farinha de amêndoa

½ xícara (100 g) de açúcar

½ colher (chá) de sal marinho refinado

7 colheres (sopa) (100 g) de manteiga sem sal, em cubos, em temperatura ambiente

¼ de colher (chá) de extrato de amêndoa

2 ovos grandes

PARA O BOSTOCK

8 fatias de brioche amanhecido ou chalá (2,5 cm de espessura), ou 4 Brioches matinais (p. 26), divididos ao meio (340 g no total)

½ xícara (50 g) de amêndoa laminada

Açúcar de confeiteiro

· **NOTA** ·
O xarope e o creme de amêndoa podem ser preparados até 2 dias antes e refrigerados separadamente em potes com tampa. Retire da geladeira 1 hora antes de usar.

FAÇA O RECHEIO DE GELEIA: Em uma bandeja forrada com papel-manteiga, disponha 8 colheres (sopa) de geleia, mantendo-as separadas, mas espalhando cada uma em um círculo de 5 cm. Leve ao congelador por pelo menos 1 hora. Essa geleia será passada entre o brioche e o creme de amêndoa, então é preciso congelar para que fique mais fácil passar o creme por cima sem misturar tudo.

PREPARE O XAROPE: Em uma panela, misture 240 ml (1 xícara) de água, o açúcar e o rum (se for usar). Deixe ferver levemente em fogo médio por 1 minuto, mexendo para dissolver. Tire do fogo e deixe o xarope esfriar. Deve ficar fino.

PREPARE O CREME DE AMÊNDOA: Em uma batedeira ou processador de alimentos, bata a farinha de amêndoa, o açúcar, o sal e a manteiga até misturar bem. Acrescente o extrato de amêndoa e os ovos, um a um, batendo até ficar cremoso. (Você também pode misturar o creme de amêndoa à mão, com a ajuda de uma espátula.)

Preaqueça o forno a 175°C e forre uma assadeira com papel-manteiga.

(continua)

MANHÃ ~ 39

MONTE OS BOSTOCKS: Molhe os dois lados das fatias de brioche no xarope brevemente e disponha-as na assadeira. Coloque 1 disco de geleia no centro de cada uma. Cubra cada um com 3 colheres (sopa) de creme de amêndoa e espalhe por toda a fatia, escondendo a geleia por baixo. Polvilhe 1 colher (sopa) de amêndoa laminada.

Asse por 18 a 20 minutos, até dourar.

Transfira para uma grade e polvilhe o açúcar de confeiteiro. Sirva morno ou em temperatura ambiente.

GELEIA RÁPIDA DE AMORA
Confiture de mûres minute

RENDE CERCA DE 1 XÍCARA (240 ML)

FRUTAS VERMELHAS SÃO UM ARTIGO DE LUXO EM PARIS: você gasta um bom dinheiro em uma cestinha insignificante, então precisa comê-las rapidamente, com medo de que as do fundo estraguem antes que chegue a elas.

É isso o que torna a busca por elas tão divertida (fruta de graça!). Quando eu era pequena, meus pais nos levavam para a floresta de Saint-Germain todo mês de setembro, que fica pertinho de Paris, onde havia inúmeras amoreiras ao longo das trilhas de terras. Usávamos o que colhíamos em tortas, crumbles, saladas de frutas e nesta geleia instantânea, que adoço moderadamente, para que o sabor da fruta sobressaia; sementes de chia são uma boa adição para ajudar a geleia a atingir a consistência certa.

200 g de amoras, morangos ou blueberries (em temperatura ambiente, se for usar congeladas)

2 colheres (sopa) de sementes de chia

3 colheres (sopa) de mel, xarope de arroz ou de agave, e mais um pouco a gosto

1 colher (chá) de sumo de limão-siciliano espremido na hora

Uma pitada de sal marinho refinado

Separe um pote de vidro limpo com tampa com capacidade de 1 xícara (240 ml).

No liquidificador, bata as frutas, as sementes de chia, o mel, o sumo de limão-siciliano e o sal por alguns segundos, até virar um purê. A mistura deve manter um pouco de textura.

Transfira para uma panela pequena. Deixe ferver levemente em fogo médio, mexendo constantemente, até que a geleia engrosse e forme uma massa elástica na panela, em cerca de 3 minutos. Espalhe em uma travessa para esfriar mais rápido, prove e acrescente um pouco mais de mel, se necessário.

Passe para o pote de vidro e tampe. Deixe chegar à temperatura ambiente e leve à geladeira. Vai ficar mais consistente assim. Use em até 1 semana.

~NOTELLA~

CREME DE CHOCOLATE COM AVELÃ

RENDE CERCA DE 1 XÍCARA (240 ML)

EM GRANDE PARTE DA MINHA INFÂNCIA, O COMBUSTÍVEL DAS MINHAS manhãs foram *tartines* de pão branco besuntadas com o famoso creme de chocolate com avelã. E eu não era a única: o pote arredondado tem sido um acessório imprescindível aos cafés da manhã franceses há décadas — com ou sem a desculpa da presença de crianças na casa.

Como adulta e mãe de dois meninos, olho para a lista de ingredientes e devolvo o pote à prateleira. Mas ainda sou atraída pela combinação mágica de chocolate e avelã, então faço minha própria versão, com manteiga de avelãs torradas e cacau em pó, adoçada com tâmaras. Essa versão caseira e mais natural da Nutella não tem a uniformidade que a gordura de sua contraparte industrializada confere; acho a textura mais áspera ainda mais agradável, seja espalhada no brioche ou no recheio do Crepe de trigo--sarraceno (p. 81).

- 2 xícaras (260 g) de avelãs torradas e sem casca (ver Como tostar e descascar avelãs, abaixo)
- 2 colheres (sopa) de cacau alcalino em pó sem açúcar, ou mais a gosto
- 4 tâmaras grandes, sem caroço e picadas, ou mais a gosto
- ¼ de colher (chá) de sal marinho refinado

Em um processador de alimentos ou liquidificador, bata as avelãs até que soltem seu óleo e se transformem em manteiga. A princípio, vai parecer que não tem nada acontecendo, mas de repente vai dar certo. Interrompa o processo para limpar as laterais do utensílio de tempos em tempos, conforme necessário. A mistura deve ficar cremosa, mas mantendo um pouco de textura. Dependendo de quão potente o eletrodoméstico for, pode levar de 1 a 4 minutos. Se o aparelho for mais simples, pare com mais frequência para deixar o motor esfriar.

Acrescente o cacau em pó, as tâmaras e o sal e bata mais, até incorporar totalmente. Prove e adicione um pouco mais de cacau ou tâmaras picadas para acertar o sabor de chocolate e a doçura a gosto.

Transfira para um pote de vidro com tampa. Você pode manter na geladeira ou em temperatura ambiente, como faz com manteigas de oleaginosas em geral. Consuma em até 2 semanas.

COMO TOSTAR E DESCASCAR AVELÃS

Avelãs torradas e descascadas podem ser encontradas na maior parte de lojas de produtos naturais, mas também é possível comprar avelãs cruas, tostar e descascar você mesmo. Espalhe-as em uma assadeira e asse no forno preaquecido a 175°C por 12 a 15 minutos, mexendo a cada 5. As avelãs estarão prontas quando a casca começar a rachar. Abra um pano de prato limpo em uma saladeira e deseje as avelãs sobre ele. Forme uma trouxa com o pano de prato e esfregue as avelãs vigorosamente para soltar as cascas. Separe as avelãs, deixando as cascas para trás.

LE MARCHÉ

HISTORICAMENTE, PARIS TEM UMA TERRA FÉRTIL ONDE TODO TIPO DE vegetais, raízes, folhas e vinhas prosperam. Embora o crescimento da cidade tenha empurrado os campos para cada vez mais longe, os parisienses não perderam o gosto por produtos locais frescos.

Isso explica o número impressionante de hortifrútis que a cidade oferece (oitenta!), atendendo todos os bairros. A maior parte é ao ar livre (*marchés volants*) e funciona duas ou três vezes na semana, em meio período; alguns são em ambiente fechado (*marchés couverts*) e abrem diariamente. Tenha ou não que comprar alguma coisa, é sempre revigorante passear por esses mercados, admirando as vitrines e sonhando com o que comer depois.

Meus favoritos são o mercado de produtos orgânicos no Boulevard des Batignolles, a feira da Place Monge e o Marché du Président Wilson.

Além disso, todo bairro de Paris tem uma animada rua comercial (*rue commerçante*) que oferece uma alta concentração de estabelecimentos vendendo produtos alimentícios: padarias, açougues, peixarias, delicatéssens, casas especializadas em laticínios, frios, vinhos, doces, chocolates, chás, temperos... Os parisienses fazem suas compras de mercado em um ritmo tranquilo nas manhãs de sábado e domingo, passando de loja em loja, conversando com seus vendedores favoritos, encontrando vizinhos e sentando em cafés com mesas ao ar livre para dar uma descansada.

Algumas das minhas ruas favoritas para fazer isso são a Rue des Martyrs, Rue des Abbesses, Rue Lepic, Rue Cler, Rue des Rosiers, Rue Montorgueil, Rue du Faubourg Saint-Denis, Rue Daguerre e Rue Poncelet.

MEIO-DIA
LE MIDI

La Seine qui se promène
Et me guide du doigt
Et c'est Paris toujours
—JACQUES BREL

OS FRANCESES SÃO FAMOSOS POR SEUS ALMOÇOS (MUITO) longos.

Esse hábito, sinto muito dizer, está se perdendo; estudos mostram que o descanso no meio do dia encolhe a cada ano, conforme a pressão no ambiente de trabalho aumenta. O que não mudou, no entanto, é a ideia de que o horário de almoço deve envolver socialização e prazer.

Em Paris, isso significa encontrar um amigo em um bistrô próximo e aproveitar o *plat du jour* (o prato do dia), servido mais rápido e a um preço mais em conta. Ou sair com colegas de trabalho para comprar qualquer coisa em algum dos muitos lugares de comida para viagem que atendem a multidão saída dos escritórios com opções saudáveis inspiradas pelos sabores do *terroir* local ou da comida de rua do mundo todo. Ou simplesmente se reunir na cozinha do escritório para comer a marmita.

Esse foco nas pessoas e na boa comida se estende pelo fim de semana quando, apesar da agenda cheia e de longas listas de tarefas a cumprir, os parisienses sempre arranjam tempo para um almocinho especial. Eles sentam com as crianças nas banquetas de couro de sua *brasserie* favorita, recebem amigos para um almoço casual em que servem o que acabaram de comprar no mercado ou vão à casa dos pais para o frango assado tradicional de domingo.

Você vai encontrar um pouco de todas essas coisas aqui, com as receitas testadas e aprovadas que os parisienses usam para surpreender seus amigos e sua *bonne-maman*.

~OMELETTE~
aux chips et ciboulette

OMELETE
COM BATATA CHIPS E CEBOLINHA

SERVE 2

ESTE OMELETE ESTÁ NO MENU DO LAZARE, O CLÁSSICO RESTAURANTE francês que o chef Éric Frechon, que recebeu estrelas Michelin, comanda na estação de trem parisiense Saint-Lazare. Seguindo a moda das *brasseries* modernas, o Lazare oferece um *semainier*, uma seleção de sete pratos, cada um para um dia da semana — um modo inteligente de gerar ansiedade e de encorajar os clientes a voltar de novo e de novo, até provar todos os pratos. Quinta é dia de *lapin à la casserole* (coelho assado), sexta é dia de *brandade de morue* (bacalhau gratinado) e no sábado a cozinha está preparada para servir um omelete com batata chips que agrada tanto aos clientes adultos quanto seus filhos.

Imagino que não precise me esforçar muito para convencê-lo a provar esse prato. (A batata chips faz isso sozinha, não é?) É um almoço fácil de reproduzir em casa, e o modo perfeito de aproveitar as batatinhas esmagadas que sobram no fundo do saco. (Uma cobaia que permanecerá no anonimato disse que é um prato excelente para quando se está de ressaca.)

4 ovos grandes

Cerca de 1 xícara (70 g) de batata chips esmagada

3 colheres (sopa) de cebolinha fresca bem picada

1 colher (chá) de alho desidratado em flocos

1 colher (chá) de manteiga sem sal ou azeite

Folhas verdes levemente temperadas com Vinagrete de bistrô (p. 54), para servir

· **NOTAS** ·

É simples fazer meia receita.

Ela funciona melhor com batatas chips mais grossas, e você pode brincar com diferentes sabores.

Não é necessário acrescentar sal aos ovos, pois as batatinhas costumam ser salgadas. Acerte o tempero se usar batatas chips light.

Em uma tigela média, bata os ovos levemente com um garfo.

Em outra, junte as batatas chips, a cebolinha e o alho em flocos. Despeje metade nos ovos.

Em uma frigideira média, derreta a manteiga em fogo médio. Quando começar a espumar, acrescente os ovos. Cozinhe por 2 minutos, então polvilhe o que restou da mistura de batata chips em cima. Deixe por mais 1 minuto, ou até que o omelete esteja cozido ao seu gosto. Prefiro o meu *baveuse*: um pouco mole no meio.

Dobre o omelete no meio e ponha em um prato. Sirva na hora, antes que as batatinhas murchem, acompanhado de uma salada de folhas verdes.

~SALADE~
de courgettes spiralisées
à la pêche et aux amandes
fraîches

SALADA
DE ABOBRINHA COM PÊSSEGOS E AMÊNDOAS VERDES

SERVE 4

PASSE PELA VITRINE DE UM HORTIFRÚTI NO VERÃO PARISIENSE E VOCÊ VAI ficar curioso a respeito das vagens verde-claras marcadas como *amandes fraîches*. Com uma penugem parecida com a do pêssego, são algo valioso para os cozinheiros experientes, que vão pedir ao vendedor que encha um saco de papel e levarão aquilo para casa com um brilho inexplicável nos olhos.

Armados com uma faca afiada, eles vão cortar a pele grossa do exterior de modo a revelar amêndoas antes do amadurecimento, acetinadas e brancas como mármore. Mais macias que as amêndoas secas e com um sabor mais leitoso, podem ser consumidas diretamente como um aperitivo ou usadas em saladas para acrescentar sabor e textura.

Se encontrar amêndoas verdes, use-as nesta salada de abobrinha adoçada com fatias de pêssego, uma entrada rápida e nutritiva para o auge do verão que também pode ser servida como acompanhamento, com frango ou peixe grelhados. Se não tiver amêndoas verdes, coloque amêndoas secas de molho durante a noite e deixe secar.

· NOTAS ·

Use abobrinhas firmes ao toque de uma extremidade à outra.

Para fazer com antecedência, junte todos os ingredientes com exceção do sal, que só deve ser acrescentado no último minuto, ou a água que sai da abobrinha vai deixar a salada úmida.

3 abobrinhas médias (cerca de 550 g no total)

2 colheres (sopa) de azeite

1 colher (sopa) de sumo de limão-siciliano espremido na hora

¾ de colher (chá) de sal marinho refinado

¼ de colher (chá) de alecrim, fresco ou seco, bem picado

1 pêssego (cerca de 170 g), em fatias

20 amêndoas verdes, sem casca

Pimenta-do-reino moída na hora

Corte as abobrinhas em fios usando uma mandolina ou fatiador de legume em espiral. Coloque em uma saladeira média e corte grosseiramente os fios com uma tesoura de cozinha para que fique mais fácil comer. Acrescente o azeite, o sumo de limão-siciliano, o sal e o alecrim e misture bem. Prove e ajuste o tempero.

Divida a abobrinha em quatro pratos. Cubra com as fatias de pêssego e as amêndoas. Polvilhe pimenta-do-reino e sirva.

EMBORA MUITAS *BRASSERIES* **E BISTRÔS DE ESQUINA TRADICIONAIS AINDA** tenham cardápios muito centrados em carne e frutos do mar, os vegetarianos sempre podem contar com uma salada com queijo de cabra quente. Para a sorte deles, costuma ser deliciosa, de modo que até onívoros que amam queijos as consideram um de seus pratos favoritos, com rodelas grossas de queijo de cabra empanadas e temperadas, colocadas sobre fatias de pão, gratinadas e servidas borbulhando sobre uma cama de folhas verdes temperadas.

Uma farofa de avelã com ervas secas no lugar da farinha de rosca dá uma modernizada neste clássico, assim como as fatias de maçã que substituem as torradas. É uma versão renovada e sem glúten; uma cobaia deste livro a chamou de uma das melhores receitas que ela e o marido já provaram na vida.

~SALADE~
de chèvre en panure de noisette et pomme

SALADA DE QUEIJO DE CABRA E MAÇÃ COM CROSTA DE AVELÃ

SERVE 4

Azeite

½ xícara (60 g) de avelãs torradas, sem casca (ver Como tostar e descascar avelãs, p. 43) e bem picadas

4 colheres (chá) de ervas secas, como ervas da Provença

2 colheres (chá) de alho desidratado em flocos

¼ de colher (chá) de sal marinho refinado

4 maçãs crocantes, de preferência pequenas (120 a 170 g cada)

250 g de queijo de cabra fresco, redondo ou cilíndrico

8 xícaras (160 g) de folhas verdes soltas

¼ de xícara (60 ml) de Vinagrete de bistrô (receita a seguir)

Salsinha fresca, picada grosseiramente

Pimenta-do-reino moída na hora

Preaqueça o forno a 200°C. Unte uma assadeira levemente com azeite.

Em uma travessa, misture as avelãs, as ervas, o alho e o sal.

Retire o miolo das maçãs e corte em fatias horizontais na parte mais larga para chegar a 12 fatias redondas com cerca de 1,25 cm de espessura. Passe-as na mistura de avelã para cobrir ambos os lados e ponha na assadeira.

Corte 12 fatias redondas com cerca de 1,25 cm de espessura de queijo de cabra. Passe-as na mistura de avelã, virando e pressionando delicadamente para cobrir ambos os lados. Coloque 1 rodela de queijo em cima de cada fatia de maçã.

Asse de 8 a 10 minutos, até que o queijo esteja borbulhando.

Tempere as folhas com o vinagrete e divida em quatro tigelas para servir.

Disponha 3 maçãs com queijo por cima de cada tigela com folhas, polvilhe salsinha e pimenta e sirva.

(continua)

· **VARIAÇÃO** ·
Você pode substituir as fatias de maçã por pêssegos ou nectarinas cortados ao meio, quando for época e você encontrar na feira ou no supermercado.

VINAGRETE DE BISTRÔ
La vinaigrette des bistrots

RENDE CERCA DE 2/3 DE XÍCARA (160 ML); 1 COLHER DE SOPA TEMPERA CERCA DE 2 XÍCARAS DE FOLHAS

MUITOS ESTRANGEIROS NARRAM, com os olhos brilhando, a epifania que tiveram ao experimentar sua primeira salada verde em Paris. É tanta vivacidade, tanto sabor em algumas poucas garfadas de folhas! Isso se deve à frescura da alface, mas o verdadeiro segredo é o molho, uma combinação enganosamente simples de mostarda, vinagre e óleo que cobrem as folhas com uma película sedosa que complementa seu sabor sem ofuscá-lo.

Fazer vinagrete é uma habilidade que se adquire cedo na França. A maior parte dos cozinheiros mistura tudo direto na saladeira, sem medir, até que a consistência fique no ponto certo, passando o dedo para provar e acertar a cremosidade. Eu, no entanto, elaborei esta receita.

Use um bom vinagre de vinho — tinto ou branco — e mostarda de Dijon forte. O mais importante é o óleo: por mais que seja tentador usar seu melhor azeite, ele é assertivo demais; o vinagrete francês clássico é feito com algo mais suave, como óleo de girassol. A camada de sabor fornecida pelas cebolas também é chave.

Um último conselho (estou quase terminando, prometo): seque as folhas com cuidado para que o molho se prenda a elas. Faço como minha mãe faz há décadas: depois de tirar as folhas da centrífuga, envolvo-as com um pano de prato limpo para absorver a umidade extra. Você pode colocá-las assim na geladeira; duram até 1 dia.

· VARIAÇÕES ·

Substitua o vinagre de vinho por outros vinagres ou sumo de limão-siciliano.

Adicione 1 colher (chá) de mel junto com a mostarda.

Antes de adicionar o óleo, incorpore 1 colher (sopa) de creme de leite fresco para dar brilho.

Troque 1/3 do óleo neutro por outro mais assertivo, como azeite, óleo de avelã ou de nozes: por exemplo, 2 colheres (sopa) de óleo de nozes e 4 colheres (sopa) de óleo de semente de uva.

Acrescente ervas frescas picadinhas, especialmente salsinha ou cebolinha às folhas verdes.

1 colher (sopa) de cebolas pequenas em cubinhos

½ colher (chá) de sal marinho refinado

2 colheres (sopa) de vinagre de vinho tinto ou branco

1 colher (sopa) de mostarda de Dijon

6 colheres (sopa) de óleo neutro (canola ou girassol)

Pimenta-do-reino branca moída na hora

Em uma tigela média, misture a cebola, o sal e o vinagre com uma colher de pau. Deixe descansar por 10 minutos para abrandar o sabor de cebola.

Acrescente a mostarda. Despeje o óleo devagar, sempre mexendo, para criar uma emulsão. Polvilhe pimenta generosamente. Prove e acerte o tempero. O molho pode ser preparado algumas horas antes. Cubra e leve à geladeira até servir. O vinagrete dura até 1 semana na geladeira, em um pote de vidro com tampa.

~CARPACCIO~
de légumes d'automne

CARPACCIO
DE LEGUMES DE OUTONO

SERVE 6

ESTE SIMPLES CARPACCIO DE LEGUMES DISPONÍVEIS NO OUTONO É UMA DAS receitas que mais gosto de fazer quando volto do *marché*. É inspirado por um prato do Jeanne B., um restaurante de Montmartre que serve comida de estilo caseiro focada nos ingredientes da estação e em carnes assadas. Os legumes finos como papel, temperados com um molho picante e cobertos por ervas e avelãs picadas, dão à mesa um brilho e uma crocância inesperados nessa época do ano. Acrescento tapenade (pasta de azeitona) para tornar o prato ainda mais especial. Qualquer combinação de legumes crus da estação funciona; esta mistura de cenoura, couve-flor e beterraba, acrescida de cogumelos, fica excelente em termos de cor, textura e sabor.

1 cenoura média (cerca de 115 g), sem casca

1 xícara (85 g) de cogumelos-de-paris frescos e aparados

½ xícara (115 g) de pedaços de couve-flor

½ beterraba média (cerca de 115 g), sem casca

¼ de xícara (60 ml) de sumo de limão-siciliano espremido na hora

¼ de xícara (60 ml) de azeite

Sal marinho refinado e pimenta-do-reino moída na hora

3 colheres (sopa) de cebolinha ou coentro frescos e bem picados

½ xícara (50 g) de avelãs, torradas e sem casca (ver Como tostar e descascar avelãs, p. 43), grosseiramente picadas

2 colheres (sopa) de pasta de azeitona preta comprada pronta

Com uma mandolina, fatie a cenoura, a couve-flor, a beterraba e os cogumelos tão fino quanto papel, reservando-os separadamente. (A couve-flor vai se despedaçar, mas não tem problema.)

Em uma tigela, misture o sumo de limão-siciliano e o azeite.

Disponha os legumes e os cogumelos fatiados em uma pilha dispersa no centro de seis pratos de sobremesa, alternando as variedades para formar um contraste atraente de cores. Não deve ser uma pilha ordenada; não pense demais. Cubra cada uma com 1 colher (sopa) do molho. Polvilhe sal, pimenta, cebolinha e as avelãs picadas.

Incorpore a pasta de azeitona ao que restar do molho e ponha uma colherada na lateral de cada prato antes de servir.

MEIO-DIA

~CAROTTES RÂPÉES~
du charcutier

CENOURAS GRATINADAS

SERVE DE 4 A 6

TODA FEIRA EM PARIS TEM UMA OU DUAS *CHARCUTERIES* FOCADAS EM embutidos, incluindo linguiças secas, presuntos e patês. É daí que vem seu nome. Hoje, esses lugares também oferecem pratos clássicos franceses, fresquinhos e prontos para ser levados para casa. Eles incluem todo o repertório tradicional, de *bouchées à la reine* a *lapin chasseur* e *oeufs en neige*. Adoro entrar na *charcuterie* do meu bairro e admirar as travessas douradas, o brilho das gelatinas salgadas e os maços de salsinha. Por um preço razoável, é fácil montar uma refeição variada e balanceada a partir das ofertas *du jour*.

Dito isso, uma das minhas opções favoritas é bem fácil de fazer em casa: *carottes râpées*, um clássico do rol francês de *hors d'œuvres* que é um estudo da simplicidade. Se você usar cenouras frescas e suculentas, que abundam nas barracas de Paris na primavera, não vai precisar de muito para produzir a mais refrescante, doce e picante das saladas. Também é uma receita que permite experimentar diferentes vinagres, óleos e outros ingredientes, então incluí uma lista de opções, caso queira ampliar o conceito original.

· NOTAS ·

Cenouras jovens, com uma casca mais fina e homogênea, podem ser usadas com a casca. Prove uma fatia fina antes: se não estiver amarga, não precisa descascar.

O utensílio que você usar para ralar as cenouras e o tamanho e a espessura dos fios que produz vão levar a resultados bastante diferentes em termos de textura; quanto mais grossos, mais crocante a salada.

4 cenouras médias (450 g), sem casca (ver Notas)

1 colher (sopa) de vinagre de xerez ou de vinho tinto

¾ de colher (chá) de sal marinho refinado

3 colheres (sopa) de óleo neutro (canola ou girassol)

Pimenta-do-reino moída na hora

Usando um ralador, o processador de alimentos ou uma mandolina com a lâmina de pente, rale as cenouras (ver Notas). Deve render cerca de 3½ xícaras.

Em uma saladeira, misture o vinagre e o sal até que o último dissolva. Incorpore o óleo. Acrescente as cenouras e mexa bem. Polvilhe pimenta. Prove e ajuste o tempero.

Você pode servir a salada na hora ou guardar na geladeira, coberta, por até 8 horas. Mexa de novo antes de servir.

≡ INGREDIENTES OPCIONAIS ≡
(Escolha 2 ou 3)

ACRESCENTE À MISTURA DE SAL E VINAGRE

- Alho fresco bem picado
- Cebolas pequenas, em cubinhos
- Cominho, coentro ou gengibre em pó
- Mostarda de Dijon
- Anchovas em salmoura, escorridas e picadas
- Uma pitada de açúcar, principalmente se estiver usando cenouras mais velhas, menos doces
- Uma gota de água de flor de laranjeira

USE NO LUGAR DO VINAGRE

- Sumo de limão-siciliano espremido na hora e suas raspas
- Sumo de laranja espremido na hora e suas raspas

SUBSTITUA ⅓ DE ÓLEO POR

- Óleo de nozes, avelãs ou girassol

PONHA JUNTO COM AS CENOURAS

- Beterraba, erva-doce ou maçã raladas
- Abacate picado

INCLUA NO FIM

- Uvas-passas
- Sementes de girassol, de abóbora ou de papoula, pistache, nozes ou gergelim
- Ervas finas picadas, como cebolinha, salsinha, coentro ou endro
- Limão-siciliano em conserva, bem picado
- Azeitonas verdes ou pretas, picadas ou cortadas ao meio
- Ovos cozidos no vapor (p. 62), picados

> ~FRISÉE~
> aux lardons et aux œufs
>
> # FOLHAS CRESPAS
> ## COM BACON E OVOS
>
> SERVE 4 COMO ENTRADA OU
> 2 COMO PRATO PRINCIPAL

QUANDO VOCÊ VAI A UM TÍPICO CAFÉ PARISIENSE PARA ALMOÇAR, RECEBE um cardápio laminado alto listando suas opções, o qual inclui *salades-repas*, que são saladas para ser consumidas como prato principal. Antes de pedir uma, sempre dou uma olhada nos pratos das outras pessoas e na cozinha no caminho até o banheiro para tentar avaliar quão frescos são os ingredientes. É assim que determino se escolho uma salada ou algo mais garantido, como um *croque-madame* (p. 69). Em casos mais extremos, saio correndo do lugar.

Se as saladas receberam sinal verde depois do meu trabalho de investigação, escolho uma *frisée aux lardons*, uma combinação clássica de folhas finas e crespas com certa amargura (como as de alface-crespa, chicória ou escarola), temperadas com o sal das fatias de bacon, a maciez aveludada dos ovos e a crocância dos *croûtons*. Na versão clássica, os ovos são *poché*, de modo que a gema vai escorrer e se misturar às folhas — se preferir assim, siga as instruções iniciais de Ovos *pochés* com farelo de pão e cebola agridoce (p. 17). Uma alternativa mais simples é fazer ovos levemente cozidos no vapor, para que a clara endureça, mas a gema continue cremosa.

---

5 tiras (150 g) de bacon cortado grosso, depois cortado em fatias mais curtas para fazer *lardons* (ver Nota)

8 xícaras (160 g) de alface-crespa, chicória ou escarola picada

¼ de xícara de Vinagrete de bistrô (p. 54)

4 ovos cozidos no vapor (receita a seguir), sem casca e cortados no meio

½ receita de *Croûtons* rápidos (receita a seguir)

2 colheres (sopa) de cebolinha fresca picada

> · NOTA ·
> Os cozinheiros franceses em geral usam bacon na forma de *lardons*, tiras finas e curtas de barriga de porco que compram já cortadas e prontas para cozinhar. Para fazer as suas, compre bacon em fatias grossas e pique no sentido contrário da fibra em pedaços menores uniformes.

Em uma frigideira seca em fogo médio, frite o bacon por 5 minutos, mexendo com frequência, até dourar. Reserve em uma tigela. (Guarde a gordura residual para outros usos.)

Em uma saladeira grande, cubra as folhas com o vinagrete.

Divida-as em pratos de sobremesa, formando ninhos. Cubra com os ovos cortados ao meio e jogue o bacon, os *croûtons* e a cebolinha por cima.

(continua)

OVOS COZIDOS NO VAPOR
Œufs durs à la vapeur

RENDE 6

FAZER OVOS COZIDOS DEVERIA ser a coisa mais simples do mundo, mas é algo difícil de dominar. Não se trata apenas de evitar a temida camada cinza em torno da gema. Também envolve acertar a textura e impedir que a casca grude na clara, resultando em um ovo mutilado na hora de descascá-lo e em uma vontade repentina de chorar. Cozinhar os ovos no vapor é a resposta. É simples e descascá-los se torna muito fácil.

6 ovos grandes

Ponha água para ferver em uma panela. Coloque uma dúzia de cubos de gelo em uma tigela média e cubra com água fria.

Coloque os ovos em uma cesta de cozimento a vapor e encaixe na panela com água fervente. Deixe cozinhar por 7 a 12 minutos, dependendo de como quiser os ovos — mais moles ou mais duros. (Algumas tentativas podem ser necessárias para acertar o tempo exato para o seu gosto; lembre-se de controlar isso.)

Transfira os ovos para o banho de gelo com uma escumadeira ou pinça para que esfriem completamente.

Bata cada ovo com delicadeza em uma superfície para quebrar a casca, então descasque. Ovos cozidos descascados aguentam até 5 dias na geladeira.

CROÛTONS RÁPIDOS
Croûtons rapides

RENDE
2 XÍCARAS
(100 G)

QUANDO VOCÊ SE DÁ O TRABALHO de comprar um bom pão artesanal — como um de fermentação natural ou uma baguete —, é de partir o coração ver as sobras ressecarem e murcharem. Mas, se isso acontecer, lembre-se de que você está a dois passos de *croûtons* douradinhos: basta cortar o pão em cubos e saltear com um pouco de manteiga. Eles podem ser mantidos por alguns dias em temperatura ambiente e acrescentados em saladas e sopas.

· **NOTA** ·
Procuro fazer cubos de 1 cm com uma faca de pão.

2 colheres (chá) de manteiga sem sal

2 xícaras (110 g) de pão de fermentação natural ou baguete amanhecidos (ver Nota)

¼ de colher (chá) de sal marinho refinado

Em uma frigideira pequena, derreta a manteiga em fogo médio. Quando formar espuma, acrescente o pão e o sal. Mexa sempre por 3 a 5 minutos, até dourar.

Os *croûtons* vão ficar crocantes quando esfriarem.

eufs Coque :
Marans   4€10 Les 6

~SOUPE DE LENTILLES~
saucisse et fenouil

SOPA DE LENTILHA
COM LINGUIÇA E ERVA-DOCE

SERVE 6

OS FRANCESES GOSTAM DE LENTILHAS QUE MANTÊM A FORMA APÓS O cozimento. A mais famosa é provavelmente a *lentille verte du Puy*, de Auvergne, protegida por uma denominação de origem. Também gosto muito da *lentille blonde de Saint-Flour*, da mesma região, que foi resgatada do esquecimento nos anos 1990 e reconhecida pelo movimento Slow Food. Quando cozido, o diminuto grão levemente amarronzado explode de uma maneira muito delicada com a pressão dos dentes, liberando um sabor adocicado. Isso o torna perfeito para saladas completas e condimentadas, com Vinagrete de bistrô (p. 54), mas também funciona com as sopas que são incluídas nos cardápios parisienses durante os meses mais frios. Adoro esta receita, feita com cubos de erva-doce e pedaços de linguiça Toulouse. É fácil de fazer e fica ainda mais gostosa no dia seguinte.

1½ xícara (300 g) de lentilhas verdes ou marrons

1 colher (chá) de bicarbonato de sódio

200 g de linguiça Toulouse, ou outra linguiça de carne de porco crua, sem a pele

Azeite, conforme necessário

1 cebola média, em cubos

1 erva-doce média, aparada, sem miolo e em cubos (ou 4 talos de aipo)

½ colher (chá) de sal marinho refinado

3 cravos-da-índia

½ colher (chá) de tomilho seco

6 xícaras (1,5 litro) de caldo de galinha ou legumes

Creme de leite fresco, para servir

Pimenta-do-reino moída na hora

Salsinha fresca picada grosseiramente

Tabasco, para servir (opcional)

1 dia antes de cozinhar, demolhe as lentilhas em água fria misturada com o bicarbonato, o bastante para cobri-las e excedê-las em 5 cm.

No dia seguinte, em uma panela de fundo grosso, cozinhe a linguiça em fogo médio até dourar, quebrando-a em pedaços com uma colher de pau. Se a carne da linguiça for magra, acrescente 2 colheres (chá) de azeite para que não grude. Retire e reserve em um prato.

Adicione a cebola, a erva-doce e o sal à panela e cozinhe por 4 a 5 minutos, mexendo com frequência, até amolecer.

Escorra e lave as lentilhas. Coloque-as na panela com o cravo-da-índia e o tomilho. Despeje o caldo, tampe a panela e deixe ferver levemente por 35 a 40 minutos, até que as lentilhas estejam cozidas. Se quiser deixar a sopa mais encorpada, esmague de forma grosseira com um amassador de batata, ou processe rapidamente com um mixer.

Devolva a linguiça à panela e mexa. Prove e ajuste o tempero.

Sirva com uma concha em tigelas. Acrescente 1 colherada de creme de leite fresco, pimenta-do-reino e salsinha. Também gosto de colocar um pouco de tabasco.

A MELHOR BAGUETE DE PARIS

TODO MÊS DE MARÇO, OS AMANTES DO PÃO PRENDEM O FÔLEGO QUANDO uma competição de extrema importância tem início para escolher a Meilleure Baguette de Paris. Ela é organizada pela prefeitura com o propósito de encorajar padeiros a desenvolver seu ofício e de divulgar os talentos locais, de fato excepcionais.

Qualquer padeiro pode participar. As baguetes são provadas e avaliadas anonimamente por um júri composto de outros padeiros, chefs, jornalistas e cidadãos comuns, que podem se inscrever e esperar que sejam selecionados. Cada baguete é classificada por aparência, cheiro, textura e sabor; no final do dia, as de melhor classificação são anunciadas.

A padaria vencedora é amplamente divulgada na imprensa, e os entusiastas do pão atravessam a cidade para provar a nova melhor baguete. Também há um prêmio de alguns milhares de euros, além do privilégio de fornecer as baguetes para o Élysée, o palácio presidencial francês, onde refeições oficiais são realizadas com chefes de Estado e diplomatas estrangeiros.

~CROQUE-MADAME~
MISTO-QUENTE
COM OVO

SERVE 4

QUANDO MEU MARIDO E EU COMEÇAMOS A NAMORAR, NA TENRA IDADE DE dezessete anos, éramos calouros na mesma universidade de Paris e passávamos grande parte de nosso tempo livre juntos em cafés da vizinhança. Quando chegava a hora do almoço, se estivéssemos dispostos a esbanjar, nos dávamos ao luxo do prato mais caro do menu: o *croque-madame*, um misto-quente com um ovo frito em cima, acompanhado de salada. (O *croque-monsieur* é igual, mas sem o ovo.)

Se servido em um bistrô parisiense, o *croque* é enriquecido com molho bechamel e uma grossa camada de queijo derretido por cima. É o prato perfeito para estudantes esfomeados. A versão que fazemos em casa agora, vinte anos depois, descarta o molho e usa queijo o bastante para tornar o recheio divinamente grudento, mas que preserva a crocância do pão.

---

3 colheres (sopa) (40 g) de manteiga sem sal, em temperatura ambiente

8 fatias grossas de pão de fôrma, com cerca de 1,25 cm de espessura

4 colheres (chá) de mostarda de Dijon forte, e mais um pouco para servir

1 xícara (100 g) de queijo tipo gruyère ralado ou em lascas

140 g de presunto fatiado fino

2 colheres (chá) de azeite

4 ovos grandes

¼ de colher (chá) de sal marinho refinado

Folhas verdes levemente temperadas com Vinagrete de bistrô (p. 54), para servir

· **NOTA** ·
Se você tem uma sanduicheira, preaqueça e deixe os sanduíches nela por 3 a 4 minutos.

Preaqueça o forno a 220°C.

Espalhe a manteiga amolecida em um lado das fatias de pão e coloque-as com esse lado para baixo sobre uma tábua. Passe a mostarda em metade das fatias, no lado sem manteiga, e cubra com metade do queijo. Acrescente o presunto e depois o que tiver restado de queijo, fechando o sanduíche com o pão com a manteiga para cima.

Coloque os *croques* em uma assadeira e leve ao forno por 4 minutos. Pegue com uma espátula, vire e asse por mais 2 minutos, até dourar.

Enquanto isso, em um frigideira grande, esquente o azeite em fogo médio-alto. Quebre os ovos nela, polvilhe sal e frite até que a clara esteja cozida e dourada nas bordas, mas a gema continue mole.

Coloque um sanduíche em cada prato e ponha o ovo frito por cima. Sirva com salada de folhas verdes.

~LAHMAJOUN~

PÃO TURCO COM CORDEIRO

RENDE 8 PÃES DE 20 CM;
SERVE DE 6 A 8

PARA QUEM ESTÁ ATRÁS DE BONS PRATOS, HÁ POUCAS COISAS MAIS atraentes do que achados em lugares pequenos e escondidos. Caminhando pela região parisiense da Faubourg Saint-Denis, eu sempre acabava comendo em alguma das muitas lanchonetes de sanduíches árabes, movida pelo homem amassando e abrindo a massa elástica na vitrine. O pão redondo e chato resultante é utilizado para fazer kebabs e — meu preferido — *lahmajouns*.

Às vezes chamado de pizza curda (ainda que também reivindicada pelos armênios, sírios e libaneses), o *lahmajoun* é uma comida de rua que consiste em uma mistura de carne moída (bovina, de cordeiro ou ambas) e legumes (tomate, cebola e pimentão) sobre pão. Depois de cozido e guarnecido de cebola e alface, é enrolado e comido com um copo longo de *ayran*, uma bebida à base de leite salgada e fermentada.

Amo tudo a respeito do *lahmajoun*, e gosto de fazê-lo em casa para os amigos; tanto a massa quanto o recheio podem ser preparados no dia anterior.

PARA A MASSA DO PÃO

1½ colher (chá) de fermento biológico seco

⅔ de xícara (160 ml) de água morna

450 g de farinha de trigo (cerca de 3½ xícaras), e mais para enrolar

½ xícara (120 ml) de iogurte natural integral

1 colher (sopa) de óleo neutro (canola ou girassol) e mais para a frigideira

1 colher (chá) de açúcar

¾ de colher (chá) de sal marinho refinado

PARA O RECHEIO

280 g de carne moída (bovina, de cordeiro, ou ambas)

½ xícara (100 g) de tomates picados com semente

¼ de xícara (45 g) de pimentão verde em cubinhos

¼ de xícara (50 g) de cebola roxa em cubinhos

¼ de xícara (15 g) de salsinha fresca picada

¼ de xícara (60 ml) de extrato de tomate

1 dente de alho bem picado

1 colher (chá) de cominho em pó

1 colher (chá) de páprica

¾ de colher (chá) de sal marinho refinado

¼ de colher (chá) de pimenta-do-reino moída na hora

PARA PINCELAR

¼ de xícara (60 ml) de extrato de tomate

¼ de xícara (60 ml) de azeite

PARA SERVIR

1 xícara (50 g) de alface cortada fino

½ xícara (100 g) de cebola roxa em fatias finas

1 limão-siciliano cortado em cunhas

Tabasco (opcional)

(continua)

Comece fazendo a massa 1h30 ou 1 dia antes de servir para obter um melhor sabor. Dissolva o fermento em água morna (ver Como ativar o fermento, p. 21).

Na tigela de uma batedeira com o gancho acoplado, junte a farinha, o fermento dissolvido, o iogurte, o óleo, o açúcar e o sal. Bata em velocidade média por cerca de 4 minutos, até que a massa esteja homogênea e elástica. Se a massa parecer seca demais para agregar, acrescente um pouco mais de água, 1 colher (sopa) por vez. (Você também pode misturar e sovar a massa na mão sobre uma superfície lisa; vai levar cerca de 8 minutos.)

Se estiver preparando a massa com antecedência, passe para uma tigela, cubra bem e leve à geladeira. Tire 1 hora antes de usar. Se fizer no mesmo dia, cubra e deixe descansar por 1 hora em temperatura ambiente em um local protegido de correntes de ar.

FAZENDO O RECHEIO: Em uma tigela grande, use as mãos para misturar bem a carne moída, o tomate, o pimentão, a cebola, a salsinha, o extrato de tomate, o alho, o cominho, a páprica, o sal e a pimenta-do-reino. Isso também pode ser feito 1 dia antes. Conserve em um pote hermético na geladeira.

Preaqueça o forno a 220°C. Unte uma assadeira grande com óleo.

Em uma superfície de trabalho levemente enfarinhada com um rolo de massa enfarinhado na mesma medida, abra a massa em um retângulo comprido, então dobre-a em três, como uma carta. Faça um quarto de volta com a massa, abra em forma de retângulo de novo e faça outras três dobras, acrescentando um pouco de farinha se necessário, para evitar que grude. Repita o processo mais uma ou duas vezes; a massa vai ficar cada vez mais dura.

Divida-a em oito partes iguais, com cerca de 90 g cada. Abra duas partes em um formato suavemente ovalado e fino de cerca de 20 x 18 cm e coloque na assadeira; mantenha as outras porções cobertas por um pano de prato limpo.

FAÇA A MISTURA PARA PINCELAR: Em uma tigela, bata o extrato de tomate e o azeite. Passe a mistura por toda a superfície de cada *lahmajoun*, com exceção da borda, e cubra com ¼ de xícara do recheio, usando as pontas dos dedos para espalhar e pressionar a massa.

Asse por cerca de 12 minutos, até que o recheio esteja cozido e a crosta fique levemente dourada. Não deixe mais, ou o pão não vai estar flexível o bastante para enrolar.

Vire um *lahmajoun* sobre o outro de modo que fiquem cara a cara. Transfira para um prato e cubra bem, com duas camadas de papel-alumínio, enquanto você assa os outros. Empilhe no prato conforme for fazendo para mantê-los quentes e flexíveis.

PARA SERVIR: Cubra cada *lahmajoun* com alface picada, cebola roxa e um pouco de sumo de limão-siciliano. Você também pode incluir tabasco, se desejar. Enrole e coma.

~SANDWICH~
tunisien

SANDUÍCHE TUNISIANO

SERVE 4

O SANDUÍCHE ICÔNICO PARISIENSE É O *JAMBON-BEURRE*, UMA BAGUETE com manteiga e presunto. Mas sou suspeita para falar do *sandwich tunisien*, uma baguete transbordando com a salada típica da Tunísia: pepino, tomate, pimentão, cebola e coentro, mais atum, batata em cubos e azeitonas. A *salade niçoise* em sanduíche, por assim dizer. E o *tunisien* do Chez Harry, um restaurante pequeno judaico-tunisiano em Sentier, o antigo bairro das roupas, era meu favorito até Harry se aposentar e fechar o lugar. Ele manteve o negócio por décadas, fechando para o sabá e alimentando a multidão saída dos escritórios no resto da semana. Também tinha uma clientela fiel de homens mais velhos que passavam os dias jogando cartas (*belote*, para ser precisa) e afastavam as cadeiras resmungando quando você tentava se espremer na mesa ao lado.

O pessoal da cozinha montava o sanduíche na hora, de modo que os ingredientes mal tinham se misturado quando se dava a primeira mordida, sendo possível sentir os respectivos sabores separadamente.

⅓ de um pepino médio, em cubinhos

1 tomate médio, em cubinhos

⅓ de um pimentão vermelho, em cubinhos

¼ de 1 cebola roxa média, em cubinhos

⅓ de xícara de folhas de coentro fresco picadas grosseiramente

¼ de colher (chá) de sal marinho refinado, ou mais a gosto

Pimenta-do-reino moída na hora

150 g de atum em conserva de óleo de boa qualidade

1 batata farinhenta média, tipo Astérix, descascada, cozida e em cubos

1 limão-siciliano em conserva (polpa e casca), em cubos

20 azeitonas pretas em conserva, de azeite ou sal, escorridas e sem caroço

2 baguetes frescas (250 g cada)

2 colheres (sopa) de *harissa*, ou a gosto

· **NOTAS** ·

A quantidade de recheio necessário depende do tamanho e do formato do pão. Não force se o sanduíche já parecer cheio e sobrarem ingredientes; sirva as sobras como salada no dia seguinte.

Corte cada baguete em 3 pedaços se preferir 6 sanduíches menores.

· **VARIAÇÃO** ·

Você também pode incluir alcaparras e ovos cozidos.

Prepare a salada com antecedência de 2 a 4 horas, se possível. Em uma tigela média, misture o pepino, o tomate, o pimentão, a cebola, o coentro, o sal e um pouco de pimenta. Escorra o atum, reservando 1 colher (sopa) do óleo. Acrescente o óleo aos vegetais na tigela. Prove e ajuste o tempero; deve estar ligeiramente sem sal. Cubra a salada e leve à geladeira.

Despedace o atum em uma tigela pequena. Coloque o restante do recheio – a batata, o limão-siciliano e as azeitonas – separados em tigelas pequenas.

Corte cada baguete na metade na transversal e abra ao meio. Remova um pouco do miolo, se necessário, a fim de abrir mais espaço para o recheio. Passe de 1 a 1½ colher (chá) de *harissa* na parte de baixo, a gosto. Coloque um pouco da salada e do atum, depois inclua a batata, o limão-siciliano e as azeitonas (ver Notas).

Embrulhe apertado em papel-vegetal para ficar mais fácil de comer. Sirva na hora ou leve à geladeira por até 4 horas. Deixe voltar à temperatura ambiente antes de comer.

PIQUENIQUE EM PARIS

SE O PIQUENIQUE FOSSE UM ESPORTE OLÍMPICO, OS PARISIENSES levariam o ouro; ao primeiro raio de sol, eles correm para fora de casa com mantas, talheres e uma infinidade de comida. Na companhia de amigos que compartilham seu gosto, eles celebram a chegada dos *beaux jours* (o tempo ameno da primavera) e desfrutam da sensação única de liberdade que advém de comer ao ar livre no coração de uma cidade pulsante.

Qualquer banco serve para tal, mas gramados, independentemente de quão pequenos, ficam em alta demanda, assim como lugares próximos da água: às margens do rio, debaixo de pontes ou ao longo dos canais.

Esses piqueniques são montados com alguns pratos caseiros, como saladas completas (Salada de abobrinha com pêssegos e amêndoas verdes, p. 50, ou Folhas crespas com bacon e ovos, p. 61), quiches (ver p. 85) e pães rápidos (ver Pão de azeitona e queijo de cabra, p. 173). Os mercados e as feiras da cidade também fervilham de gloriosas opções frias, de pães com casca crocante a queijos moles, alta *charcuterie* e doces voluptuosos.

Os pontos de piquenique mais famosos ficam nos jardins do Champ de Mars, perto da torre Eiffel, a Pont des Arts, as margens do Sena (principalmente o Quai Saint-Bernard, onde à noite há música e dança) e o Canal Saint-Martin.

A PADARIA POILÂNE (VER P. 28) TEM TAMANHA AURA QUE TODO CAFÉ tradicional de Paris serve *tartines Poilâne*, sanduíches abertos com o recheio sobre duas fatias compridas de seu icônico pão. O melhor lugar para comprá-los é direto da fonte, em um dos lindos balcões de almoço da própria Poilâne.

Para fazer esta receita, a favorita de Apollonia Poilâne, você amassa peixe defumado com ervas para formar um *rillette* (um patê levemente encorpado) que combina com um *relish* rápido de beterraba. É um preparo simples, mas com vários ingredientes: os sabores defumado, salgado, doce e ácido se misturam lindamente com o pão. Também pode ser servida como canapé antes do jantar, acompanhada de drinques.

~TARTINE~
de maquereau fumé
au relish de betterave

TARTINE DE CAVALINHA DEFUMADA COM *RELISH* DE BETERRABA

SERVE 4

PARA O *RELISH* DE BETERRABA

1 beterraba grande (280 g), sem casca e ralada

2 colheres (sopa) de açúcar

¼ de xícara (60 ml) de vinagre de maçã

½ colher (chá) de cominho em pó

½ colher (chá) de sal marinho refinado, ou mais a gosto

PARA O *RILLETTE* DE CAVALINHA

200 g de cavalinha ou truta (do tipo mais quebradiça) defumada, ou sardinha em lata com o óleo escorrido

¼ de xícara (60 ml) de iogurte natural integral

3 colheres (sopa) de cebolas pequenas picadas

2 colheres (sopa) de cebolinha fresca bem picada

1 dente de alho bem picado

1 colher (sopa) de sumo de limão-siciliano espremido na hora

Sal marinho refinado

PARA SERVIR

4 fatias grandes de pão de fermentação natural (idealmente Poilâne), com cerca de 1 cm de espessura

Pimenta-do-reino moída na hora

Folhas verdes com Vinagrete de bistrô (p. 54), para servir

FAÇA O *RELISH* 1 DIA ANTES DE SERVIR: Em uma panela média, misture a beterraba, o açúcar, o vinagre, o cominho, o sal e ¼ de xícara (60 ml) de água. Deixe ferver levemente e mantenha em fogo médio-baixo por 15 a 20 minutos, mexendo às vezes, até o líquido ser absorvido. Prove e ajuste o tempero. Espere esfriar, transfira para um recipiente com tampa e deixe na geladeira a noite toda. Tire 1 hora antes de servir.

FAÇA O *RILLETTE* 1 DIA ANTES DE SERVIR: Remova a pele da cavalinha com pinça e garfo (o cheiro é persistente na pele!). Em uma tigela, desfie o peixe, tirando as espinhas. Misture com o iogurte, a cebola, a cebolinha, o alho e o sumo de limão-siciliano para obter um patê encorpado. Prove e ajuste o tempero com sal, se necessário. Cubra e deixe na geladeira a noite toda. Tire 1 hora antes de servir.

PARA SERVIR: Torre o pão levemente. Passe o *rillette* em cima e acrescente o *relish* de beterraba e a pimenta-do-reino. Sirva o pão aberto acompanhado de folhas verdes.

· **NOTA** ·

O *rillette* e o *relish* podem ser utilizados de outras maneiras. Espalhe o patê de peixe em um pepino ou em fatias de batata feitas no vapor, ou use para rechear tomates ou ovos. O *relish* de beterraba fica ótimo com carnes frias e na salada de batata.

MEIO-DIA ~ 77

~PITA~
à la ratatouille et aux œufs,
sauce tahini

RATATOUILLE NO PÃO PITA
COM OVOS E TAHINE

SERVE 2

AS RUAZINHAS DO BAIRRO DO MARAIS SÃO TÃO CHARMOSAS QUE CHEGA a doer. Se você se perder nesse labirinto, é mais provável que aconteça no pequeno setor judaico em torno da Rue des Rosiers. É aqui, entre as inúmeras delicatéssens asquenazes, que se pode encontrar o Miznon, restaurante que rapidamente roubou o coração dos parisienses. Criado por Eyal Shani, celebrado chef de Tel Aviv, o pequeno estabelecimento tem poucas mesas e uma cozinha aberta da qual saem os mais saborosos sanduíches em pão pita que já provei. Os pães caseiros, fofinhos e grandes são recheados de cordeiro grelhado, salada de frango com ervas ou *ratatouille* e ovos cozidos picados, com molho de tahine. (Embora satisfaçam bem, deixe espaço para a "couve-flor queimada", servida inteira e deliciosamente chamuscada.)

Não há uma receita para o ambiente animado do Miznon, com a multidão se acumulando na ruazinha estreita e os funcionários gritando nomes quando os pedidos ficam prontos, mas posso ajudar você a recriar meu sanduíche vegetariano favorito.

PARA O MOLHO DE TAHINE

2 colheres (sopa) de tahine

1 colher (sopa) de sumo de limão-siciliano espremido na hora, ou mais a gosto

½ colher (chá) de sal marinho refinado, ou a gosto

PARA OS SANDUÍCHES

2 pães pitas grandes (cerca de 85 g cada)

1½ xícara (225 g) de *Ratatouille* ao forno (p. 224), quente

2 ovos cozidos no vapor (p. 62), sem casca e picados grosseiramente

Sal marinho refinado

FAÇA O MOLHO DE TAHINE: Em uma tigela pequena, misture o tahine, o sumo de limão-siciliano e o sal. Acrescente 1 colher (sopa) de água, mexendo até ficar homogêneo. Prove e ajuste o tempero, acrescentando sumo ou sal se necessário.

MONTE OS SANDUÍCHES: Aqueça os pães na torradeira. Corte ao meio para que vire uma espécie de bolso em meia-lua; cada pessoa vai consumir duas metades. Coloque o molho de tahine, seguido pelo *ratatouille* e pelos ovos, e acrescente uma pitada de sal. Sirva imediatamente.

RECHEIO PARA *GALETTE*

A *galette* mais típica é a *complète*, com presunto, queijo ralado e ovo frito. É a que eu sempre peço, às vezes com tomate e cogumelos. A *andouille* é recheada com fatias de linguiça de miúdos, e faz as crianças darem risada, porque essa palavra também significa "bobo". É a única graça que elas costumam ver nessa versão.

Invente seus próprios recheios usando diferentes tipos de queijo, legumes e verduras cozidos, peixe defumado etc., mas não complique demais. Atenha-se a dois ou três ingredientes em quantidades moderadas para que o trigo-sarraceno sobressaia. Também amo crepes de trigo-sarraceno na sobremesa, com Creme de chocolate com avelã (p. 43) ou Calda simples de chocolate (p. 247).

~GALETTES~
de sarrasin

CREPE
DE TRIGO-
-SARRACENO

RENDE DE 8 A 10 CREPES DE 23 CM

PARIS TEM UMA GRANDE COMUNIDADE DE BRETÕES "EXPATRIADOS". ALGUNS chegaram recentemente; muitos vêm de famílias que se estabeleceram na capital na virada do século XX, quando uma nova linha de trem passou a ligar Brest a Paris e os jovens bretões foram para a cidade grande em busca de oportunidades. Sua cultura é mantida viva em parte pelas *crêperies*, estabelecimentos casuais e familiares.

As *galettes* tradicionais não contêm glúten, sendo feitas apenas de farinha de trigo-sarraceno, sal e água. Elas cozinham em um *billig*, uma chapa larga de ferro fundido que dá origem a crepes finos e crocantes, que lembram uma renda. Para que fique mais fácil cozinhar a massa na frigideira em casa, acrescento 1 ovo para dar liga. Depois de algumas tentativas, você vai saber a consistência certa e a temperatura a que a frigideira deve chegar. Os bretões mais antigos cospem no *billig* para testar a temperatura, ou é o que dizem.

1½ xícara (200 g) de farinha de trigo-sarraceno

1 colher (chá) de sal marinho refinado

1 ovo grande

Manteiga com sal, para cozinhar

RECHEIO ESCOLHIDO

Queijo ralado, presunto, ovos, cogumelos cozidos, espinafre baby, tomates fatiados, molho de tomate, fatias de queijo de cabra... (ver Recheio para *galette*, ao lado)

· NOTAS ·

Se a massa chiar e dançar muito quando a despejar, é porque a frigideira está quente demais. Reduza o fogo para fazer o próximo crepe.

Se os crepes ficarem grossos e demorarem demais para cozinhar, acrescente um pouco de água para afinar a massa e tente de novo.

Você pode cozinhar os crepes com antecedência, empilhá-los em um prato e cobrir. Um pouco antes de servir, reaqueça e recheie os discos.

A massa dura até 3 dias na geladeira, coberta.

Prepare a massa com pelo menos 3 horas de antecedência ou 1 dia antes. Em uma tigela, junte a farinha de trigo-sarraceno e o sal. Faça um buraco no meio para o ovo e o misture com parte da farinha.

Meça 2½ xícaras (600 ml) de água fria. Despeje gradualmente, batendo até obter uma massa homogênea. Ela deve ficar bem fina. Cubra e leve à geladeira por pelo menos 3 horas ou a noite inteira. Bata de novo antes de usar.

Aqueça uma frigideira grande em fogo médio. Derreta ½ colher (chá) de manteiga e espalhe pelo fundo com papel-toalha amassado para absorver o excesso de gordura (cuidado com os dedos). Mantenha-o perto do fogão para reutilizar, se necessário.

Com uma concha, despeje cerca de ⅓ de xícara (80 ml) da massa na frigideira e a gire imediatamente para distribuir em uma camada fina e homogênea. Cozinhe em fogo médio até que as bordas do crepe endureçam, o que deve levar de 2 a 3 minutos. Confira com cuidado, passando uma espátula por baixo. Se conseguir fazê-lo com facilidade, solte o crepe da frigideira, mas não vire. Se ele ainda estiver grudando, não force; espere mais 1 ou 2 minutos e tente de novo.

Quando conseguir soltar o crepe, acrescente o recheio em metade dele e deixe cozinhar por mais alguns minutos, até que a massa esteja dourada por baixo e o recheio esteja devidamente cozido. Dobre o lado livre do crepe por cima do outro, pressione com delicadeza e transfira para um prato. Você pode servir direto da frigideira, conforme for fazendo, ou mantê-los quentes no forno a 60°C.

MEIO-DIA ~ 81

~CRÊPES~
de pois chiche
à la carotte

CREPE
DE GRÃO-DE-BICO E CENOURA

RENDE 8

SE VOCÊ ESTIVER EM PARIS DURANTE O GANESH CHATURTHI, O FESTIVAL hindu que dura dez dias e celebra o deus com cabeça de elefante (a data muda conforme o calendário lunissolar hindu), precisa ir a La Chapelle, o bairro indiano de Paris, para ver o desfile. Em qualquer época do ano, a região transporta quem a visita por quase 10 mil quilômetros até o Sri Lanka. Sempre vou a La Chapelle para encher minha sacola de compras com raízes, legumes, verduras e temperos exóticos, além de uma tonelada de arroz aromático e mangas tão cheirosas que me mantêm acordada à noite.

Antes de voltar para casa, como alguma coisa e com frequência opto por crepe ou massa frita — como os *pudlas*, que aprendi a fazer em casa. Incluo vegetais e ervas, faço na frigideira como se fosse panqueca e sirvo com iogurte e *chutney*.

· NOTAS ·
Sirva direto da frigideira, conforme for fazendo, ou mantenha os crepes quentes no forno a 75°C. Também gosto deles em temperatura ambiente.

A farinha de grão-de-bico não contém glúten e pode ser encontrada em mercados indianos, lojas de comida natural e bons supermercados.

1¼ xícara (150 g) de farinha de grão-de-bico

1 colher (chá) de sal marinho refinado

1 colher (chá) de cominho em pó

1 colher (chá) de cúrcuma em pó

½ colher (chá) de *amchoor* (manga verde em pó; opcional)

1 colher (sopa) de sumo de limão-siciliano espremido na hora

1 cenoura média, ralada fino

2 talos de cebolinha (incluindo o bulbo), em fatias finas

1 pimenta dedo-de-moça verde bem picada (sem sementes, para abrandar)

½ xícara de folhas de coentro fresco picadas grosseiramente

Óleo de coco ou similar, para cozinhar

Iogurte grego sem açúcar, para servir

Chutney comprado pronto, para servir (opcional)

Prepare a massa pelo menos 30 minutos antes, junte a farinha de grão-de-bico, o sal, o cominho, a cúrcuma e o *amchoor* (se for usar). Bata com 1 xícara (240 ml) de água para obter uma massa homogênea. Cubra e deixe descansar por 30 minutos a 1 hora em temperatura ambiente, ou a noite inteira na geladeira. A massa vai engrossar. Incorpore o sumo de limão-siciliano, a cenoura, a cebolinha, a pimenta e o coentro.

Leve uma frigideira de fundo grosso ao fogo médio. Espere até que esteja quente o bastante para fazer uma gota de água chiar. Acrescente ½ colher (chá) de óleo e espalhe pela frigideira com um papel-toalha para absorver o excesso de gordura (cuidado com os dedos). Mantenha-o perto do fogão.

Com uma concha, despeje cerca de ⅓ de xícara (80 ml) da massa na frigideira e espalhe em um disco de 12 cm usando as costas dela. Cozinhe até que o topo esteja pronto e você consiga passar uma espátula por baixo, por cerca de 1 minuto. O lado de baixo deve ficar dourado-escuro. Vire e cozinhe até dourar o outro lado, em cerca de 30 segundos. Repita o processo com os próximos crepes, sempre untando a frigideira antes de começar.

Sirva com iogurte e *chutney* (se quiser).

~QUICHE~
lorraine

QUICHE CLÁSSICO DE PRESUNTO E BACON

RENDE 1 QUICHE DE 25 CM; SERVE DE 4 A 6

ESTE É O MAIS CLÁSSICO DOS QUICHES FRANCESES E PODE SER ENCONTRADO em qualquer padaria ou *charcuterie*. A massa folhada contém o creme sedoso, enriquecido pelo sabor de bons ovos, noz-moscada e saborosos cubinhos de presunto e pedaços de bacon — na verdade *lardons*, pequenas tiras de barriga de porco que marcam a culinária da porção norte da França. Em Paris, você pode comprar um pedaço de bacon em qualquer açougue e esperar que o cortem na sua frente, enquanto conversam sobre o gato do vizinho, que fugiu. Se o açougueiro perto da sua casa não puder fazê-los, compre bacon em fatias grossas e corte na transversal em pedaços menores.

O quiche *lorraine* deixa sua casa com um cheiro delicioso, ou como a cozinha da minha mãe, que são sinônimos para mim. Convide amigos para almoçar um domingo e sirva acompanhado de uma saladeira grande com folhas verdes e um bom vinagrete, e eles vão acabar pedindo para morar com você.

Massa de torta (receita a seguir)

5 fatias grossas (150 g) de bacon, comum ou defumado, cortado em pedaços menores

4 ovos grandes

¾ de xícara (180 ml) de creme de leite fresco

1½ xícara (360 ml) de leite integral

⅛ de colher (chá) de pimenta-do-reino moída na hora

⅛ de colher (chá) de noz-moscada ralada na hora

55 g de presunto cortado grosso, em pedaços

Folhas verdes, levemente temperadas com Vinagrete de bistrô (p. 54), para servir

---

Faça a massa de torta e cubra uma fôrma redonda de 25 cm, preferencialmente de quiche.

Preaqueça o forno a 200°C.

Cubra a massa na fôrma com papel-manteiga, acrescente pesos de cerâmica (ou feijões crus) e asse por 15 minutos.

Enquanto isso, em uma frigideira pequena sem nada, frite o bacon por cerca de 10 minutos, até dourar. Escorra e guarde a gordura residual para outros usos.

Em uma tigela média, bata os ovos levemente com um garfo. Acrescente com cuidado o creme de leite fresco, o leite, a pimenta e a noz-moscada; evite aerar a mistura batendo demais, ou o recheio vai inchar e murchar depois de assado.

Tire a massa da torta do forno e reduza a temperatura a 150°C. Tire o papel-manteiga com os pesos com cuidado.

Espalhe o bacon e o presunto uniformemente sobre a massa, então despeje devagar a mistura de ovos, sem mexer em ambos. Asse por 50 a 60 minutos, até que o quiche esteja dourado-escuro, mas ainda um pouco úmido no centro. Deixe descansar por pelo menos 15 minutos antes de servir. Coma em seguida ou em temperatura ambiente, com salada.

MASSA DE TORTA
Pâte brisée

RENDE O SUFICIENTE PARA FORRAR UMA FÔRMA REDONDA DE 25 A 30 CM

PRECISO NEGAR UM MITO: os cozinheiros franceses usam massa pronta, como evidenciado pelas inúmeras opções oferecidas até mesmo no menor dos supermercados de Paris. No entanto, preciso defender a *pâte brisée* caseira, que requer poucos minutos para fazer e leva as tortas a um nível que você não julgaria possível.

200 g de farinha de trigo (cerca de 1½ xícara), e mais para abrir a massa

½ colher (chá) de sal marinho refinado

7 colheres (sopa) (100 g) de manteiga sem sal fria, em pedaços

1 ovo grande

Água gelada, se necessário

· **NOTA** ·
Para uma torta doce, você pode abrir a massa no açúcar ou polvilhar na assadeira untada com manteiga. Em ambos os casos, a massa vai ficar cravejada de açúcar e irresistivelmente caramelizada, como acontece na Torta de ameixa caramelizada (p. 112).

COM UM PROCESSADOR DE ALIMENTOS
Em um processador de alimentos, junte a farinha, o sal e a manteiga. Bata por 10 segundos, até atingir uma consistência de farinha de pão. Acrescente o ovo e processe por mais alguns segundos, até que a massa grude, formando uma bola. Se parecer um pouco seca, adicione um pouco de água gelada, 1 ou 2 colheres (chá) por vez, até que ela grude.

À MÃO
Em uma tigela média, junte a farinha e o sal. Faça um buraco no meio e acrescente ali a manteiga em pedaços e o ovo, então misture à farinha usando duas facas, até que seja possível formar uma bola com a massa. Se parecer um pouco seca, adicione um pouco de água gelada, 1 ou 2 colheres (chá) por vez, até que ela grude.

EM AMBOS OS CASOS
Transfira a massa para uma superfície de trabalho limpa e sove levemente por alguns segundos. Enfarinhe levemente a superfície e abra a massa com um rolo, para depois forrar com ela uma fôrma redonda ou de quiche untada de 25 a 30 cm, pressionando para aderir às laterais. Faça furos no fundo com um garfo.

Ponha um pano de prato limpo em cima e deixe descansar na geladeira por 30 minutos ou até 1 dia antes de assar, com ou sem o recheio. A massa pode ser usada para fazer o Quiche clássico (p. 85), a Torta de ameixa caramelizada (p. 112) ou a Torta parisiense de creme (p. 124).

A CHEF DELPHINE ZAMPETTI COMANDA SUA PEQUENA DELICATÉSSEN NO local em que costumava ficar uma *boucherie chevaline*, ou seja, um açougue que vendia carne de cavalo. Esse tipo de carne já foi muito consumido em Paris — como uma alternativa mais acessível à carne bovina —, mas agora nem tanto. Parte da fachada do antigo estabelecimento, no entanto, foi mantida. Por exemplo, ela trocou uma única letra da palavra *chevaline* que estava na placa à entrada e deu o nome de Chez Aline ao seu negócio, em referência a uma música popular francesa dos anos 1960. Também manteve a atmosfera retrô, da prateleira com ganchos de metal aos ladrilhos do piso.

Nessa pequena delicatéssen, ela produz saladas com uma explosão de sabores, sanduíches e pratos que se pode consumir no balcão, sentado nas banquetas de bar vintage, ou levar para casa. Um dos meus preferidos é o *bonite à l'escabèche*, bonito cozido em uma vibrante marinada. É perfeito para fazer com antecedência, já que precisa passar uma noite na geladeira para ficar pronto. Você pode fazer com qualquer tipo de atum, sardinha ou cavalinha sustentável. Gosto de servir sobre batatas no vapor ou couve-flor, porque a marinada acaba temperando o que estiver embaixo, ou em uma baguete.

~ESCABÈCHE~
de thon

ESCABECHE DE ATUM

SERVE DE 4 A 6

---

450 g de filé de bonito ou atum-amarelo de uma fonte sustentável, cortado em cubos de 2,5 cm

1 cebola branca ou roxa média, em fatias finas

2 cenouras médias, sem casca e em fatias finas

3 talos de aipo, em fatias finas

2 dentes de alho, em fatias finas

1 colher (chá) de sal marinho refinado

1 xícara (240 ml) de azeite

1 colher (chá) de páprica

½ colher (chá) de pimenta chipotle em pó

1 colher (chá) de tomilho seco

Uma pitada de açafrão (opcional)

3 colheres (sopa) de vinagre de xerez

Prepare o escabeche 1 dia antes de servir. Preaqueça o forno a 200°C.

Coloque o peixe em uma travessa média de vidro ou cerâmica.

Em uma frigideira grande, junte a cebola, a cenoura, o aipo, o alho e o sal. Cubra com o azeite. Cozinhe em fogo médio, mexendo com frequência, por cerca de 4 minutos ou até que fiquem translúcidos. Acrescente a páprica, a pimenta chipotle, o tomilho e o açafrão (se for usar). Misture e deixe cozinhar por aproximadamente 3 minutos, até amolecer. Despeje sobre o peixe.

Asse por cerca de 15 minutos, até que o peixe esteja cozido. Acrescente o vinagre, mexa e espere esfriar completamente. Cubra bem e deixe na geladeira durante a noite.

Tire 30 minutos antes de servir.

~TAJINE~
de poisson à la chermoula

TAGINE DE PEIXE COM CHERMOULA

SERVE DE 4 A 6

EU MORO RELATIVAMENTE PERTO DA FEIRA DE BARBÈS, QUE OCORRE NAS manhãs de quartas e sábados, embaixo do metrô elevado. É um tanto cheia — e por isso mais recomendado para quem não é tímido — e frequentada principalmente por imigrantes do Norte da África. É charmosa e uma maneira imbatível de encontrar produtos baratos.

Quando vou, me abasteço de *harissa* fresca caseira, da qual encontro dois tipos: a cítrica marroquina ou a versão tunisiana com mais alho. Eu gosto de ambas, então geralmente sigo a recomendação dos atendentes. Compro também cebolinha ou coentro, com os quais faço chermoula, uma mistura de ervas frescas finamente picadas, alho e temperos regados com azeite e sumo de limão. É uma mistura tipicamente utilizada para marinar peixes ou como acompanhamento à mesa. Nesta receita, uso para criar este cozido de peixe com grão-de-bico, que acompanha bem cuscuz ou pães sírios.

· NOTAS ·

A chermoula também pode ser feita apenas com coentro ou só com salsinha.

Você também pode usar peixe congelado, desde que cheque à temperatura ambiente antes do preparo.

Não separo as folhas da salsinha e do coentro; pico o maço todo bem fininho, incluindo os talos.

PARA A CHERMOULA

½ limão-siciliano médio

1 maço médio (cerca de 30 g) de coentro fresco bem picado (separe alguns ramos para decorar)

1 maço médio (cerca de 30 g) de salsinha fresca bem picada

3 dentes de alho bem picados

1 colher (chá) de cominho em pó

1 colher (chá) de páprica

1 colher (chá) de semente de coentro moída

½ colher (chá) de pimenta-calabresa em flocos, ou a gosto

½ colher (chá) de sal marinho refinado

1 colher (sopa) de azeite

PARA O PEIXE

700 g de filés de peixe branco de uma fonte sustentável, cortados em pedaços de 3 cm

2 colheres (chá) de azeite

400 g de grão-de-bico pronto, lavado e escorrido

PARA SERVIR

Harissa

Triângulos de pão sírio ou cuscuz (p. 198)

1 limão-siciliano cortado em 6 cunhas

FAÇA A CHERMOULA COM PELO MENOS 1 HORA OU ATÉ 1 DIA ANTES DE COZINHAR: Raspe a casca do limão-siciliano em um pilão ou uma tigela resistente e esprema o sumo de metade dele; deve dar cerca de 2 colheres de sopa (30 ml). Acrescente o coentro picado, a salsinha, o alho, o cominho, a páprica, a semente moída de coentro, a pimenta-calabresa em flocos, o sal e o azeite. Amasse no pilão ou use o fundo de um pote de vidro de temperos limpo.

PONHA O PEIXE PARA MARINAR: Coloque o peixe em um recipiente não reativo com tampa. Acrescente a chermoula e mexa bem. Tampe e leve à geladeira por pelo menos 45 minutos ou a noite inteira.

Em uma panela de fundo grosso, aqueça as 2 colheres (chá) de azeite em fogo médio. Adicione o peixe com o que tiver se prendido a ele de chermoula, mantendo o restante no recipiente. Tampe a panela e deixe cozinhar por 3 a 4 minutos. Inclua o grão-de-bico e o que sobrou da chermoula e cozinhe sem tampa por 2 a 3 minutos, até que o peixe esteja pronto.

PARA SERVIR, decore com o coentro reservado. Deixe *harissa* e cunhas de limão-siciliano à mão para que todos possam acertar o tempero a gosto. Cuscuz e pão sírio são ótimos acompanhamentos.

~POULET RÔTI~
au beurre d'herbes et croûtons

FRANGO ASSADO
COM MANTEIGA DE ERVAS E *CROÛTONS*

SERVE 4

PARA OS FRANCESES, NADA DIZ "ALMOÇO DE DOMINGO" COMO UM FRANGO assado, e em Paris há inúmeras maneiras de concretizar essa ideia. Você pode ir a um restaurante como o Drouant, onde ele é servido especialmente nesse dia com uma travessa de batatas fritas grossas e uma salada grande de folhas. Ou comprar em uma *rôtisserie*, onde dezenas de frangos ficam rodando nos espetos desde cedo, de modo que, quando os sinos da igreja anunciam as onze horas, eles já estão com a pele torradinha e tão macios que a carne se solta dos ossos.

Mas assar seu próprio frango é um empreendimento recompensador com alguns truques simples — passar manteiga de ervas por baixo da pele e rechear com *croûtons*. Na verdade, o frango fica com um gosto ainda melhor se você o preparar na noite anterior e colocar para assar no meio da manhã. Isso também lhe dá tempo de aparar e cozinhar no vapor vagens francesas — mais finas — para servir regadas com os sucos do cozimento, como minha mãe fazia todos os domingos quando era época de *haricot vert*.

4 colheres (sopa) (55 g) de manteiga sem sal, ligeiramente amolecida

½ xícara (20 g) de ervas frescas bem picadas, como salsinha, cebolinha, manjericão ou coentro

1 colher (chá) de sal marinho refinado

½ colher (chá) de alho desidratado em flocos

1 frango inteiro (cerca de 1,6 kg)

1 ²⁄₃ xícara (85 g) de pão amanhecido, em cubos

· **NOTA** ·
Você pode untar e rechear o frango até 1 dia antes. Cubra bem com filme e leve à geladeira.

Preaqueça o forno a 230°C.

Em uma tigela média, misture a manteiga, as ervas, o sal e o alho em flocos.

Coloque o peito do frango para cima, com a extremidade do pescoço virada para você, em uma superfície de trabalho limpa. Lave a mão e deslize por baixo da pele do frango, começando pela base do pescoço e abrindo caminho delicadamente, levantando-a desde o peito até as coxas, sem rasgá-la. Assim que a pele estiver solta, passe ²⁄₃ da manteiga de ervas sob ela (reserve o restante para os *croûtons*), espalhando de maneira uniforme pelo peito e pelas coxas.

Misture os cubos de pão ao que tiver restado da manteiga. Recheie a cavidade inferior do frango com eles e amarre as asas e as coxas com barbante para manter a forma.

Coloque o frango em uma assadeira com o peito para cima. Asse por 20 minutos.

Solte o frango do fundo da assadeira com cuidado. Vire, deixando as costas para cima, e regue com o próprio suco. Asse por mais 20 minutos.

Vire o frango de modo que o peito fique para cima de novo, regue com o caldo e asse até que a pele fique dourado-escura e crocante, o que deve levar mais 20 minutos. Um termômetro de cozinha inserido na parte mais grossa da coxa deve registrar 75°C. Tire o frango do forno, cubra com papel-alumínio e deixe descansar por 10 a 15 minutos.

Corte o frango e sirva com os *croûtons* e o suco do cozimento.

~COLOMBO DE POULET~
aux bananes plantains

COLOMBO DE FRANGO COM BANANA-DA-TERRA

SERVE 4

ALÉM DA *MÉTROPOLE*, SUA PORÇÃO CONTINENTAL, A FRANÇA COMPREENDE territórios além-mar, como as ilhas caribenhas de Martinica e Guadalupe, que se tornaram colônias no século XVII e logo foram povoadas por escravos africanos. Se existe um lado positivo nessa dolorosa história, é que há muito intercâmbio entre as ilhas e o resto do país, tanto cultural quanto econômico.

Paris é lar de uma grande comunidade de origem caribenha, que carrega a herança da rica culinária crioula, moldada pelos muitos imigrantes que chegaram ao longo dos séculos. A influência do leste da Índia nessa culinária fica evidente pelo amplo uso de especiarias. Seu prato tradicional, o colombo, é um ensopado de carne que leva *poudre de colombo*, uma espécie de curry que tem o nome da capital do Sri Lanka. Você pode fazer sua própria versão ou simplesmente usar um tempero curry comprado pronto.

Há muitas variações do colombo, mas apenas dois segredos para o sucesso: o primeiro é marinar a carne durante a noite; o segundo é acrescentar *graines à roussir*, uma mistura de sementes e grãos em infusão de óleo. A receita a seguir é fácil de fazer e bem balanceada. Enquanto cozinha, sua casa vai ser tomada pelos aromas da culinária crioula.

· VARIAÇÕES ·

A batata e a cebola são imprescindíveis, mas você pode incluir outros vegetais dependendo da estação. Berinjela, pimentão, batata-doce, abóbora, chuchu, cenoura e quiabo são fiéis ao estilo franco-caribenho deste prato.

TEMPERO COLOMBO CASEIRO

Misture 2 colheres (sopa) de cominho em grãos e 2 de semente de coentro; 2 colheres (chá) de sementes de mostarda escura, 2 de sementes de feno-grego, 2 de pimenta-do-reino em grãos, 2 de alho desidratado em flocos, 2 de grãos de arroz crus e 3 dentes de alho. Toste em uma frigideira sem nada em fogo médio por cerca de 2 minutos, até ficar cheiroso. Tire do fogo, deixe esfriar completamente e moa bem fino em um moedor de temperos limpo ou no processador de alimentos. Inclua 2 colheres (sopa) de cúrcuma em pó e 1 colher (sopa) de gengibre em pó. Conserve em um pote de vidro com fechamento hermético. Use da mesma forma que curry: com vegetais e carnes, aves ou peixes.

1,2 kg de coxa e sobrecoxa de frango, com osso e com pele

¼ de xícara (60 ml) de sumo de limão espremido na hora (cerca de 2 limões)

2 colheres (sopa) de tempero colombo em pó (ver Tempero colombo caseiro, à esquerda) ou curry

2 colheres (sopa) de óleo neutro (canola ou girassol)

Sal marinho refinado

½ colher (chá) de sementes de feno-grego

½ colher (chá) de cominho em grãos

½ colher (chá) de sementes de mostarda amarela

½ colher (chá) de sementes de erva-doce

2 bananas-da-terra médias (não muito maduras), descascadas e em rodelas de 1,25 cm de espessura

1 batata média, descascada e em cubos de 2,5 cm

1 abobrinha média, em pedaços de 2,5 cm

1 cebola média, em rodelas finas

1 a 2 pimentas dedo-de-moça pequenas (opcional), bem picadas (sem sementes, para abrandar)

1 folha de louro

Arroz de grão longo cozido no vapor, para servir

Salsinha fresca picada grosseiramente, para servir

Cunhas de limão, para servir

Comece com pelo menos 4 horas de antecedência ou preferencialmente 1 dia antes de servir. Coloque o frango em uma tigela grande não reativa. Adicione o sumo de limão, 1 colher (sopa) da mistura de tempero colombo, 1 colher (sopa) de óleo e 1 colher (chá) de sal. Vire o frango para cobrir bem. Cubra a tigela e leve à geladeira por pelo menos 3 horas ou a noite inteira.

Em uma panela grande de fundo grosso, aqueça a colher (sopa) restante de óleo em fogo médio. Acrescente os *graines à roussir*: feno-grego, cominho, mostarda e erva-doce. Tampe a panela, espere até ouvir os grãos e sementes estourarem e cozinhe por 30 segundos. Tire do fogo, descarte a maior parte (tudo bem se sobrarem alguns) e passe para uma tigela pequena para esfriar.

Retorne a panela ao fogo médio. Tire o frango da marinada (reservando-a) e ponha os pedaços na panela em uma única camada, com a pele para baixo. Cozinhe até dourar dos dois lados, por cerca de 10 minutos, virando na metade do tempo.

Acrescente as bananas-da-terra, a batata, a abobrinha, a cebola, a pimenta, se for usar, e ½ colher (chá) de sal. Retorne os grãos e as sementes à panela. Inclua as 2 colheres (sopa) de colombo em pó e a folha de louro. Adicione a marinada reservada e água o bastante apenas para cobrir o frango e os vegetais, cerca de 4 xícaras (1 litro). Tampe, deixe cozinhar devagar por aproximadamente 40 minutos, até que a carne esteja macia.

Prove e ajuste o tempero. Descarte a folha de louro. Sirva sobre arroz cozido no vapor, polvilhando salsinha picada e acompanhado de cunhas de limão para espremer na hora.

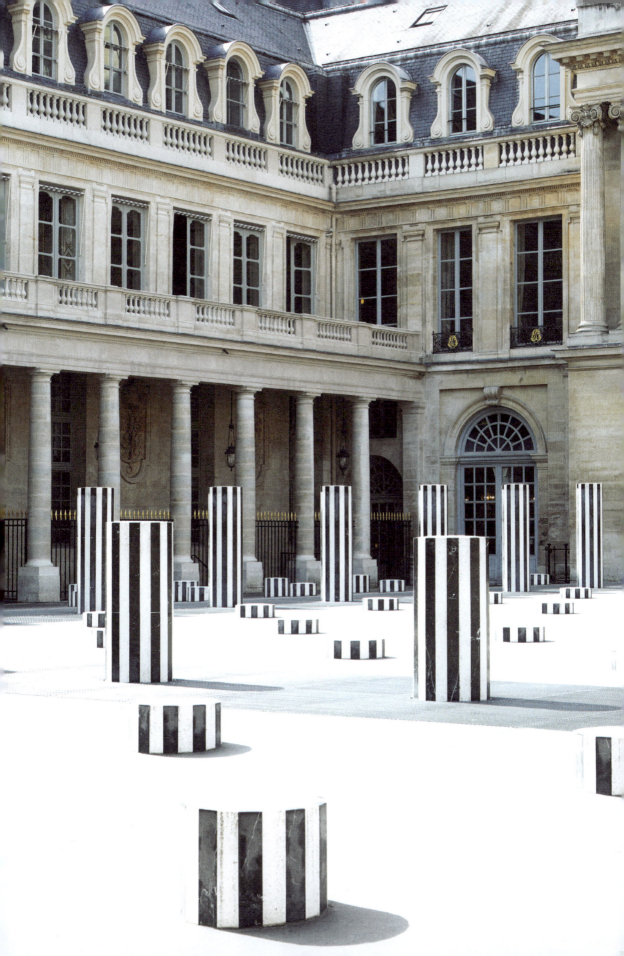

~STEAK~
sauce au poivre

FILÉ
AO MOLHO DE PIMENTA

SERVE DE 4 A 6

A MAIOR PARTE DOS RESTAURANTES FRANCESES DE PARIS OFERECE UM prato da categoria *steak-frites*, seja literalmente (servindo apenas um filé grelhado com batatas fritas), seja como inspiração (a carne não é grelhada, e sim cozida *sous-vide*, as batatas não são fritas, e sim *soufflées*...). Gosto da versão literal mais do que de todas as outras e sempre peço em bistrôs e *brasseries* clássicos, onde se pode escolher o molho, normalmente *au poivre*, *béarnaise* ou *bleu*.

680 g de carne bovina sem osso (com 2,5 cm de espessura), à sua escolha (ver Cortes de carne, à esquerda)

Sal marinho refinado

2 colheres (chá) de óleo neutro (canola ou girassol)

⅓ de xícara (80 ml) de conhaque ou outro brandy

5 colheres (sopa) (80 g) de manteiga sem sal, em cubos

⅓ de xícara (80 g) de creme de leite fresco

1 colher (sopa) de pimenta-do-reino preta ou branca, em grãos, quebradas (ver Como quebrar pimenta em grãos, à esquerda)

Fritas maravilhosas de forno (receita ao lado), para servir

COMO QUEBRAR PIMENTA EM GRÃOS

A mistura de pedacinhos maiores e menores nas pimentas em grãos moídas na hora confere textura e sabor ao molho. Quebre as pimentas em um pilão ou use um moedor que dê a opção de moer grosso. Outra maneira é formar uma pilha com os grãos em uma tábua, colocar uma panela pesada em cima e pressioná-la para esmagá-los.

CORTES DE CARNE

É difícil recomendar um corte de carne para o autêntico *steak-frites*. Em primeiro lugar, a escolha de fibras curtas ou longas, de carne magra ou marmorizada, maciez ou sabor, é uma questão de gosto. Em segundo lugar, os açougueiros franceses têm um diagrama de corte próprio, e não há equivalentes em outros países a muitos deles, que ainda contam com nomes criativos, como *poire* (pera), *merlan* (pescada) ou *araignée* (aranha).

Gosto de usar fraldinha, filé da costela, contrafilé e o *onglet* francês, meu favorito. É melhor optar por uma carne mais grossa para cortar em pedaços do que bifes finos individuais, que estarão passados antes que uma casquinha se forme por fora.

Cerca de 1 hora antes de servir, tire a carne da geladeira e seque com papel-toalha. Tempere com 1 colher (chá) de sal.

Em uma panela grande e grossa, preferencialmente de ferro fundido, aqueça o óleo em fogo médio-alto, até começar a soltar fumaça. Acrescente a carne e cozinhe sem mexer por cerca de 3 minutos, até formar uma crosta dourada. Vire e repita o processo com o outro lado. Vire de novo e deixe cozinhar, regando com o próprio suco a cada 20 ou 30 segundos, até que a carne esteja marrom no exterior e no ponto de que gosta, alguns minutos depois. Se tiver um termômetro de cozinha, 55°C significa ao ponto para menos.

Transfira a carne para uma tábua, de preferência com uma reentrância na borda, para que o suco não escorra. Cubra a carne com papel-alumínio e deixe descansar enquanto prepara o molho.

Reduza o fogo para médio. Coloque o conhaque e ½ colher (chá) de sal na panela e raspe o fundo com uma espátula para soltar os resíduos. Acrescente a manteiga para emulsificar e deixe cozinhar por 1 minuto. Adicione o creme de leite fresco e as pimentas quebradas e mexa até que tenha esquentado.

Corte a carne em porções individuais e divida entre quatro e seis pratos. Regue com um pouco do molho. Sirva com as batatas fritas e o restante do molho quente em uma tigela ou em uma jarra pequena.

~FRITES~
au four incroyables

FRITAS MARAVILHOSAS DE FORNO

SERVE DE 4 A 6

FRITAS SÃO UM ACOMPANHAMENTO POPULAR NOS RESTAURANTES parisienses. Podem ser grossas ou finas, claras ou levemente queimadas nas pontas; o que importa é que sejam *faites maison* (caseiras, e não congeladas), crocantes por fora e macias por dentro, repletas do sabor doce e rico das batatas. Como minha cozinha é aberta, não costumo fazer frituras, porque o cheiro acaba espalhando-se por todo o apartamento. Descobri uma maneira de fazer batatas fritas douradas e crocantes no forno: branqueio levemente as batatas e escorro a água para então devolvê-las à panela e sacudi-las por alguns segundos. Com isso, sua superfície fica irregular, o que ajuda na formação de uma casquinha magnífica no forno.

1 kg de batatas, sem casca ou só limpas

Sal marinho refinado

2 colheres (sopa) de óleo vegetal

Preaqueça o forno a 220°C.

Corte as batatas em palitos compridos, cada um com 1,25 cm de espessura. Coloque em uma panela grande, cubra com água fria e adicione 1 colher (chá) de sal. Tampe a panela e deixe ferver em fogo alto. Reduza para médio e deixe ferver por mais 5 minutos.

Enquanto isso, despeje o óleo em uma assadeira e leve ao forno para aquecer.

Escorra as batatas, devolva-as à panela e tampe. Usando luvas, segure a tampa e a panela com firmeza e sacuda por 5 segundos, até que a superfície das batatas esteja levemente rugosa.

Retire a assadeira do forno, despeje as batatas nela com cuidado (a gordura quente pode espirrar), adicione 1 colher (chá) de sal e agite para cobrir com o óleo. Asse por 20 minutos, vire as batatas e devolva ao forno, até que elas fiquem douradas e crocantes, o que deve levar mais 10 a 20 minutos.

Sirva na hora.

· **VARIAÇÕES** ·

Corte as batatas em cubos em vez de palitos.

Acrescente 1 colher (chá) de alecrim bem picado, fresco ou seco, antes de sacodir a panela.

> ~STEAK~
> au beurre maître d'hôtel
>
> # FILÉ
> ## COM MANTEIGA MAÎTRE D'HÔTEL
>
> SERVE DE 4 A 6

UMA ALTERNATIVA AINDA MAIS SIMPLES AO FILÉ AO MOLHO DE PIMENTA (p. 96), esta carne grelhada é adornada com *beurre maître d'hôtel*, que pertence à família das manteigas compostas, feitas acrescentando sabores à manteiga comum. As possibilidades são infinitas, tanto em termos de ingredientes adicionados quanto das maneiras de servir a *beurre composé* resultante: fria com *crudités* crocantes como rabanetes, passada na torrada ou no pão do sanduíche, ou derretendo devagar sobre o peixe defumado. É difícil imaginar como algo tão simples pode ter tamanho ar de sofisticação, mas aqui está. Tenha sempre um pouco dessa manteiga de salsinha e cebola no congelador ou na geladeira e assuma o ar convencido do cozinheiro capaz de produzir um clássico do bistrô em alguns minutos.

8 colheres (sopa) (115 g) de manteiga sem sal de boa qualidade, ligeiramente amolecida

3 colheres (sopa) (20 g) de cebolas pequenas bem picadas

3 colheres (sopa) (10 g) de salsinha fresca bem picada

1 colher (chá) de sumo de limão-siciliano espremido na hora

Sal marinho refinado

680 g de carne bovina sem osso, à sua escolha (ver Cortes de carne, p. 96), com 2,5 a 4 cm de espessura

2 colheres (chá) de óleo neutro (canola ou girassol)

Fritas maravilhosas de forno (p. 97)

Faça a manteiga composta 1 dia antes de servir. Em uma tigela média, misture a manteiga, as cebolas, a salsinha, o sumo de limão-siciliano e ½ colher (chá) de sal. Com uma colher de pau, incorpore os sabores à manteiga. Passe para um pedaço de papel-manteiga ou filme e enrole em um cilindro de cerca de 4 cm de diâmetro e 13 cm de comprimento. Embrulhe bem e mantenha na geladeira até a hora de usar.

Com cerca de 1 hora de antecedência, tire a carne da geladeira e seque com papel-toalha. Espalhe 1 colher (chá) de sal por toda ela.

Em uma panela grande e grossa, de preferência de ferro fundido, aqueça o óleo em fogo médio-alto até que comece a soltar fumaça. Acrescente a carne e deixe cozinhar sem mexer por cerca de 3 minutos, até formar uma crosta dourada. Vire e repita o processo com o outro lado. Vire de novo e deixe cozinhar, virando e regando com o suco a cada 20 ou 30 segundos, até que a carne esteja marrom no exterior e no ponto de que gosta, alguns minutos depois. Se tiver um termômetro de cozinha, 55°C significa ao ponto para menos.

Transfira a carne para uma tábua, de preferência com uma reentrância na borda, para que o suco não escorra. Cubra a carne com papel-alumínio e deixe descansar.

Desembrulhe a manteiga e corte 4 a 6 rodelas (dependendo do número de pessoas), cada uma com 1 cm de espessura. (Vai sobrar manteiga; reserve para outros usos.)

Corte a carne em porções individuais, transfira para pratos aquecidos e coloque uma rodela de manteiga para derreter em cima de cada uma. Sirva com batatas fritas.

MEIO-DIA ~ 99

~MOUSSE~
au chocolat

MUSSE DE CHOCOLATE

SERVE 6

EM PARIS, VOCÊ VAI ENCONTRAR MUSSE DE CHOCOLATE EM TAÇAS VINTAGE nas geladeiras de doces das *brasseries* e em todas as vitrines das confeitarias. Gosto especialmente quando sou convidada para almoçar na casa de amigos ou parentes e, quando vou ajudar a lavar a louça, fica claro que alguém esteve batendo muita clara em neve e picando muito chocolate para encher uma vasilha grande de uma musse fofinha e perfeita. Ah, a ansiedade que sinto enquanto o anfitrião mergulha a colher e tira colheradas para distribuir entre os convidados!

Esta é a minha receita para uma musse de chocolate clássica. Você pode servir pura, com frutas frescas da estação (especialmente frutas vermelhas ou peras) ou biscoitos amanteigados.

· **NOTA** ·

A musse de chocolate é feita com ovos crus, então se certifique de que estejam bem frescos. Não sirva para crianças muito pequenas, mulheres grávidas ou qualquer pessoa com o sistema imunológico comprometido.

200 g de chocolate meio amargo de boa qualidade (com 60% a 70% de cacau), bem picado

¾ de xícara (180 ml) de creme de leite fresco

4 ovos grandes (ver Nota), gemas e claras separadas

¼ de colher (chá) de sal marinho refinado

⅛ de colher (chá) de cremor de tártaro

3 colheres (sopa) (35 g) de açúcar

Comece 3 horas ou até 1 dia antes de servir. Separe seis ramequins ou taças de vidro de ½ xícara (120 ml), ou uma vasilha para servir de 720 ml.

Coloque o chocolate em uma tigela refratária. Em uma panela pequena, deixe o creme de leite fresco ferver. Acrescente o chocolate e mexa com uma espátula até que fique homogêneo e brilhante.

Use a batedeira (ou uma tigela grande e um mixer) para misturar as claras, o sal e o cremor de tártaro. Bata em velocidade média-alta até que as claras formem picos médios e suaves, o que deve levar cerca de 1 minuto. Continue batendo e acrescente o açúcar em quatro partes, contando 15 segundos entre cada uma. Bata até obter picos firmes e ficar branco brilhante.

Misture as gemas uma a uma com a mistura de chocolate, batendo até incorporar. Adicione um terço da clara em neve para uma textura mais leve. Usando a espátula, adicione mais ⅓, fazendo um movimento circular e vertical para evitar perder o ponto de neve. Repita o processo com o restante.

Divida a musse entre os ramequins, cubra com filme e leve à geladeira por pelo menos 2 horas ou a noite inteira. Sirva fria.

~MILLE-FEUILLE~
framboise et citron

MIL-FOLHAS
DE LIMÃO-SICILIANO E FRAMBOESA

SERVE 4

MILLE-FEUILLE É UM DOCE CLÁSSICO FRANCÊS MONTADO COM FOLHAS DE massa folhada empilhadas e entremeadas com camadas de creme, às vezes incluindo frutas vermelhas. É uma das iguarias mais deliciosas e das que mais se faz sujeira ao comer, uma vez que o garfo quebra a montagem e o creme escapa pelos lados. Meu favorito é o da casa de chá do *chocolatier* Jacques Genin, no badalado Alto Marais, onde você pode se jogar em uma poltrona confortável enquanto os elfos dos doces constroem o perfeito mil-folhas no andar de cima, só para você; ele fica melhor montado na hora, porque isso evidencia o contraste entre a massa crocante e o creme homogêneo.

Adoro surpreender os convidados dos almoços de fim de semana com essa versão refrescante, com creme de limão-siciliano e framboesas. Preparo o creme e a massa folhada no dia anterior, então asso a massa e a corto pela manhã. A montagem é feita no último minuto, na frente dos olhos famintos dos meus amigos.

· NOTAS ·
Você vai fazer um pouco mais de creme de limão-siciliano do que o necessário. Conserve na geladeira e passe na torrada ou no bolo. Use em até 3 ou 4 dias.

· VARIAÇÃO ·
Recheie os mil-folhas com Chantili (p. 143) e morangos cortados em quatro.

2½ limões-sicilianos

½ xícara (100 g) de açúcar

1 colher (sopa) de maisena

2 ovos grandes

Massa folhada simples (receita a seguir) ou 340 g de massa folhada comprada pronta

200 g de framboesas, já em temperatura ambiente, se congeladas

Açúcar de confeiteiro

Prepare o creme de limão-siciliano pelo menos 2 horas ou até 1 dia antes de servir. Raspe a casca de 1 limão-siciliano e leve a uma panela não reativa média. Esprema todos os limões-sicilianos até chegar a ⅓ de xícara mais 1 colher de sopa (95 ml) de sumo. Acrescente à panela junto com o açúcar. Misture a maisena e 1 colher (sopa) de água até ficar homogênea, depois passe para a panela. Mantenha em fogo baixo, mexendo com frequência com uma espátula resistente ao calor, até o açúcar dissolver. Deixe esfriar por 5 minutos.

Em uma tigela média não reativa, bata os ovos. Incorpore a mistura quente de limão pouco a pouco para evitar cozinhar os ovos. Despeje tudo na panela e deixe cozinhar em fogo médio-baixo, mexendo com frequência com uma espátula e raspando o fundo e as laterais, até que o creme engrosse. Estará pronto cerca de 5 minutos depois, quando a espátula abrir um caminho limpo no fundo da panela.

Use um coador fino para transferir o creme para um recipiente refratário. Deixe esfriar completamente, então tampe e leve à geladeira para que tome forma.

(continua)

Abra a massa folhada entre dois pedaços de papel-manteiga até formar um retângulo de 20 x 24 cm. Conserve na geladeira até o momento de assar.

Preaqueça o forno a 200°C.

Coloque a massa folhada no papel-manteiga em uma assadeira e ponha outra assadeira por cima para fazer peso. Asse por 25 minutos. Remova a assadeira e o papel-manteiga de cima e asse por mais cerca de 5 minutos, até ficar dourado-escuro.

Leve o papel-manteiga de baixo e a massa para uma tábua e deixe esfriar por 15 minutos. Com uma faca de serra, corte em retângulos de 20 x 23 cm. Divida ao meio para chegar a 2 retângulos estreitos e altos, então corte cada um em 6 retângulos menores de 10 x 4 cm. Serão 12 retângulos no total.

Para montar o doce, coloque um retângulo de massa folhada em um prato. Passe 1 colher (sopa) de creme de limão-siciliano e cubra com uma camada de framboesas, então cubra as framboesas com 1 colher (chá) de creme. Coloque um segundo retângulo por cima, pressionando com delicadeza para aderir. Repita o processo com outra camada de creme e framboesas e encerre com um terceiro retângulo de massa folhada. Monte mais três doces.

Equilibre palitos japoneses ou varetas de bambu em diagonal sobre o mil-folhas para fazer listras verticais. Polvilhe o açúcar de confeiteiro por cima, então remova os palitos.

Sirva na hora ou conserve na geladeira por, no máximo, 1 hora. Tire 30 minutos antes de servir.

MASSA FOLHADA SIMPLES
Pâte feuilletée facile

RENDE 325 G

ESTA RECEITA VAI MUDAR SUA VIDA, uma fórmula simples que aprendi com minha amiga Lucy Vanel, que administra a Plum, uma escola de culinária em Lyon. Não envolve abrir a manteiga com o rolo e dobrar uma camada de massa por cima, nem confina você à cozinha durante as incessantes etapas de refrigeração. Em vez disso, corta-se a manteiga na farinha para formar uma massa grosseira, então se abre, dobra e gira quatro vezes, sem necessidade de levar à geladeira nos intervalos. E *voilà*: massa folhada caseira em cerca de 15 minutos, sem prejuízo para o sabor.

· NOTAS ·

A massa folhada é tão boa quanto a manteiga que você usa, então é um bom momento para investir em manteigas europeias bem saborosas com teor elevado de gordura.

Ela fica melhor quando preparada em uma cozinha e em uma superfície de trabalho frescas, com movimentos leves e assertivos para evitar que ela aqueça demais. Nunca faça quando o forno estiver ligado.

Se a massa parecer grudenta em qualquer momento, leve à geladeira por 30 minutos para resfriar de novo.

125 g de farinha (cerca de 1 xícara), gelada, se possível, e mais para abrir a massa

10 colheres (sopa) (140 g) de manteiga sem sal de boa qualidade (ver Notas), gelada e em cubos

¼ de colher (chá) de sal marinho refinado

¼ de xícara (60 ml) de água ou leite gelados

Em uma tigela média, junte a farinha, a manteiga e o sal. Usando um processador de alimentos ou duas facas, corte a manteiga em meio à farinha, parando quando a mistura ainda parecer uma farofa, mas razoavelmente homogênea, com o grânulo de manteiga médio do tamanho de uma ervilha grande. (Não desfaça demais, ou o efeito folhado vai se perder.)

Vire a massa em uma superfície de trabalho fresca e limpa e abra um buraco no meio. Despeje a água e incorpore à mistura de farinha e manteiga — eu uso um raspador de massa, mas uma colher de pau deve bastar. Sove só o bastante para que a massa vire uma bola e então molde um quadrado grosseiro. Deve haver pedacinhos de manteiga visíveis em meio à massa.

Enfarinhe levemente sua superfície de trabalho. Com um rolo também levemente enfarinhado, abra a massa em um retângulo com cerca de 25 cm de comprimento. Acrescente farinha conforme necessário para evitar grudar. Remova o excesso de farinha e dobre a massa em três, como uma carta, de modo que o topo e o fundo fiquem um sobre o outro, tirando o excesso de farinha depois da primeira dobra. Gire a massa em 45 graus e repita o processo de abrir e dobrar mais três vezes. Você deve chegar a uma massa mais para retangular ou até mesmo quadrada.

Ponha a massa em um prato, cubra e leve à geladeira por pelo menos 1 hora ou a noite inteira antes de usar. Se ela parecer dura demais quando a tirar da geladeira, deixe-a descansar por 15 a 20 minutos, até chegar à temperatura ambiente antes de usar.

~SALADE D'ORANGES~
à la marocaine

SALADA MARROQUINA DE LARANJA

SERVE DE 4 A 6

AS RUAS COMERCIAIS FORMAM A ESPINHA DORSAL DOS BAIRROS DE PARIS E, quando os locais precisam fugir de seus pequenos apartamentos, é para lá que gravitam. Eles dizem: "Ah, vamos comprar um pão", então esbarram num vizinho, sentam em um café, ficam com fome, veem que é quase hora do jantar e cumprem as tarefas da semana inteira, passando em diversos estabelecimentos diferentes antes de voltar para casa.

Quando passam pela frutaria, deparam com produtos lindamente expostos na calçada, só com o intuito de atormentá-los com seu frescor. É difícil seguir em frente quando é época de morango... ou melão-cantalupo ou pêssegos. Todo inverno, sou conquistada pelo cheirinho de laranjas cortando o ar com a promessa de suco espremido na hora e uma divina salada ao estilo marroquino.

Esta receita é baseada em uma que meu fruteiro me passou enquanto separava as laranjas para mim. "Corte fatias finas", ele instruiu, "e polvilhe um pouco de açúcar. Não muito! Minhas laranjas já são bem doces! E um pouco de água de flor de laranjeira. Entendeu? Isso. E um pouco de hortelã."

Essa salada enganosamente simples fica ainda melhor se você conseguir esperar um pouquinho antes de consumi-la.

---

4 laranjas grandes e suculentas (ou toranjas ou mexericas)

2 colheres (chá) de açúcar ou mel

½ colher (chá) de canela em pó

2 a 3 colheres (chá) de água de flor de laranjeira, a gosto

6 folhas frescas de hortelã

3 colheres (sopa) de pistaches crus, picados grosseiramente

Use uma faca afiada para aparar o topo e o fundo de cada laranja, apenas o bastante para expor o miolo. Com a fruta apoiada na base sobre uma tábua, descasque de cima a baixo, tomando o cuidado de tirar as partes brancas com a lâmina ao mesmo tempo que preserva a parte suculenta. Vá trabalhando com calma, até que terminem as laranjas. Descarte quaisquer partes brancas que tiverem ficado para trás e transfira o líquido que tiver se formado sobre a tábua para uma panela pequena. Esprema as cascas sobre a panela antes de descartá-las; não vai sair muita coisa, mas odeio desperdício.

Corte as laranjas horizontalmente para formar fatias finas com cerca de 6 mm de espessura. Disponha umas sobre as outras em uma travessa.

Acrescente o açúcar e a canela à panela. Deixe cozinhar lentamente, mexendo para dissolver o açúcar. Adicione a água de flor de laranjeira e depois as laranjas. Cubra e leve à geladeira de 1 a 4 horas.

Empilhe as folhas de hortelã, enrole e pique bem fino na transversal. Espalhe junto com o pistache sobre as laranjas e sirva.

~ÎLES FLOTTANTES~
aux fraises et au caramel

ILHAS FLUTUANTES COM CARAMELO E MORANGO

SERVE 6

A MAIOR PARTE DOS CLIENTES DAS *BRASSERIES* **NA HORA DO ALMOÇO** precisa voltar ao trabalho, por isso espera um serviço rápido. Se ainda assim quiserem encerrar a refeição com um docinho, dão uma olhada rápida na geladeira em que ficam os doces, apontam para aquele de sua preferência e pedem para trazê-lo acompanhado de *un café et l'addition* (um café e a conta). Entre as receitas clássicas francesas que costumam ser oferecidas é possível encontrar algum tipo de salada de frutas da estação, Musse de chocolate (p. 100), *crème caramel* e meu favorito quando criança: *îles flottantes*. A "ilha" é uma colherada de clara em neve flutuando em uma piscina de *crème anglaise*, coberta de caramelo líquido. A colher afunda na nuvem espumosa para chegar ao creme, retornando com uma mistura perfeita de sabores, que dissolve na língua. Na primavera, gosto de acrescentar morango para ficar mais refrescante.

PARA AS *ÎLES FLOTTANTES*

3 claras de ovos grandes

¼ de colher (chá) de cremor de tártaro

¼ de colher (chá) de sal marinho refinado

3 colheres (sopa) (40 g) de açúcar

Creme inglês (receita a seguir)

PARA O CARAMELO

¼ de xícara (50 g) de açúcar

1 colher (chá) de sumo de limão-siciliano espremido na hora

PARA SERVIR

1 xícara (120 g) de morangos aparados e cortados ao meio

· **NOTA** ·
Você pode cozinhar as claras no micro-ondas. Forme 6 montinhos de suspiro em um prato e deixe de 30 a 40 segundos em temperatura média.

· **VARIAÇÃO** ·
Regue com Calda simples de chocolate (p. 247) em vez de caramelo.

FAÇA AS *ÎLES FLOTTANTES*: Preaqueça o forno a 120°C e separe 6 ramequins de ½ xícara (120 ml).

Com a batedeira (ou com o mixer e uma tigela grande), misture as claras, o cremor de tártaro e o sal. Bata em velocidade média até formar espuma. Incorpore 1 colher (sopa) de açúcar e passe a velocidade para média-alta enquanto acrescenta devagar as outras 2. As claras em neve estarão prontas quando parecerem brilhantes e formarem picos firmes.

Divida-a entre os ramequins e asse até que dobre de tamanho, o que deve levar de 10 a 12 minutos.

Passe uma faca de lâmina fina com cuidado em volta de cada "ilha" de suspiro e vire delicadamente sobre um prato. Ponha ⅓ de xícara (80 ml) do creme inglês em seis taças de sobremesa e depois inclua os suspiros. Você também pode servir em uma tigela grande com todo o creme. Faça isso com 3 horas de antecedência. Cubra com filme e leve à geladeira.

Imediatamente antes de servir, faça o caramelo: Em uma panela pequena de fundo grosso, aqueça o açúcar em fogo médio. Deixe que derreta sem mexer até que forme um leve caramelo. Despeje o sumo de limão-siciliano com cuidado (o caramelo quente forma bolhas) e então incorpore com uma colher. (A acidez do limão vai impedir que o caramelo endureça ao esfriar.)

Para servir, regue as *îles flottantes* com caramelo. Espalhe os morangos em volta.

CREME INGLÊS
Crème anglaise

RENDE 2 XÍCARAS (480 ML)

ESTE CREME DE BAUNILHA é recorrente nas sobremesas servidas nas *brasseries* e nas casas de chá de Paris: peça uma fatia de *fondant au chocolat* ou bolo de maçã e ela virá em uma piscina sedosa dele. A receita original envolve muitas gemas e é um pouco difícil de acertar. Aprendi com minha mãe, que aprendeu com a mãe dela, um modo mais simples de fazer, com um único ovo e maisena para engrossar.

2½ xícaras (600 ml) de leite integral

1 fava de baunilha, cortada no sentido do comprimento, ou 2 colheres (chá) de extrato de baunilha

1 ovo grande

⅓ de xícara (65 g) de açúcar

3 colheres (sopa) de maisena

Prepare o creme inglês com pelo menos 4 horas de antecedência ou 1 dia antes de servir. Apoie uma peneira fina em uma tigela.

Coloque o leite em uma panela média. Raspe as sementes de baunilha da fava e acrescente tudo à panela. Deixe ferver em fogo médio.

Em uma tigela média, bata o ovo e o açúcar. Incorpore a maisena.

Quando o leite estiver fervendo, tire do fogo. Bata ½ xícara (120 ml) com os ovos. Devolva a mistura à panela e ao fogo médio-baixo. Cozinhe por alguns minutos, mexendo com frequência com uma colher de pau. Raspe as laterais e o fundo da panela e mantenha o fogo baixo o bastante para que o leite não ferva. O creme vai estar pronto quando cobrir a colher e, passando o dedo pelas costas dela, um caminho se abrir. Deve levar cerca de 4 minutos para chegar a esse ponto.

Use a peneira para coar o creme para a tigela. Cubra frouxamente com filme e deixe esfriar em temperatura ambiente por 2 horas, então ajuste o filme, cobrindo bem, e leve à geladeira por pelo menos mais 2 horas ou a noite inteira.

~TARTE~
aux prunes caramélisée

TORTA DE AMEIXA CARAMELIZADA

SERVE 8

TALVEZ VOCÊ CONHEÇA A RUE LEPIC GRAÇAS AO FILME *O FABULOSO destino de Amélie Poulain*. É difícil imaginar uma rua comercial mais charmosa, com uma casa de queijos, um açougue, uma barraca de peixes, um vendedor de temperos, uma *charcuterie*, uma *rôtisserie* e mais casas especializadas do que se pode imaginar. Eu a destaco em meus tours gastronômicos de Montmartre e sempre paro na Les Petits Mitrons (que significa "aprendizes de padeiros"). A padaria rosa e azul chama a atenção dos transeuntes desde 1982 com sua vitrine de tortas de frutas dispostas em grades de resfriamento redondas que parecem recém-tiradas do forno de uma avó francesa: perfeitamente imperfeitas, com bordas irregulares e padrões simples de frutas da estação que você poderia jurar que foram colhidas do jardim dos fundos. Ainda mais irresistível que as frutas é a casquinha crocante repleta de açúcar e altamente caramelizada. O segredo dela é muito bem guardado, mas criei minha própria versão nesta receita.

Gosto de fazer esta torta no fim do verão para exibir toda a extensão do arco-íris de ameixas francesas: *quetsches* roxas, *reine-claudes* verdes, *mirabelles* amarelas. Dito isso, ela pode ser feita com qualquer combinação de frutas da estação: framboesas, amoras, figos, cerejas, pêssegos, nectarinas, maçãs, peras...

· NOTAS ·

Recomendo usar uma fôrma de torta de metal com fundo removível. Esse material conduz melhor o calor, e você vai poder expor a lateral da torta na etapa final do processo de assar para otimizar a caramelização ao melhor estilo Petit Mitrons. Se não tiver uma, a melhor opção é uma fôrma de torta de metal comum.

Gosto de usar uma mistura de duas ou três variedades de ameixa, se disponíveis. Se usar ameixas congeladas, não é necessário descongelá-las.

2 colheres (chá) (10 g) de manteiga sem sal

¼ de xícara (50 g) de açúcar

Massa de torta (p. 86)

800 g de ameixas não muito maduras (ver Notas)

¼ de xícara (60 ml) de geleia de damasco

Unte uma fôrma de metal de 25 cm com fundo removível (ver Notas) com manteiga e polvilhe açúcar no fundo e na lateral. Abra a *pâte brisée* e forre a fôrma com ela, passando o rolo pelas bordas para cortar o excesso. Deixe descansar por 30 minutos na geladeira.

Preaqueça o forno a 220°C. (Se for elétrico e tiver a opção de esquentar só a partir do fundo, use-a; vai possibilitar uma maior caramelização da crosta.)

Corte as ameixas ao meio e tire o caroço. Se elas forem bem pequenas (2,5 cm), deixe-as assim; se não, corte em quatro ou seis pedaços. Disponha todas com a casca para baixo sobre a massa em um padrão circular, começando do exterior e sobrepondo-as levemente, porque devem encolher um pouco com o cozimento. Alterne cores de ameixas se for usar mais de um tipo. Asse por 20 minutos.

Enquanto a torta estiver no forno, aqueça a geleia em uma panela pequena em fogo médio. Se ela não for homogênea, passe por uma peneira fina para remover pedacinhos de casca.

Tire a torta do forno (mas deixe-o aceso). Remova a lateral da fôrma. Com um pincel, passe a geleia na lateral da torta, por dentro e por fora, e em cima das frutas. Devolva ao forno até escurecer, o que deve levar de 5 a 10 minutos. Transfira para uma grade para resfriar completamente.

LA MAISON QUATREHOMME

≡ Três gerações de queijeiros ≡

O QUEIJO É UM GRUPO ALIMENTAR POR SI SÓ NA FRANÇA. SERVIDO ENTRE o prato principal e a sobremesa (*nunca* como entrada), é alvo de muita paixão e reverência.

Não há falta de casas de queijo em Paris; toda feira ou hortifrúti oferece várias opções. Mas a Maison Quatrehomme está acima das outras, tanto na qualidade de sua seleção quanto na habilidade com que envelhece seus queijos. Essa é a diferença entre os simples *fromagers*, que encomendam queijos prontos e os vendem de imediato, e os *fromagers-affineurs*, que compram queijos jovens dos produtores e os deixam envelhecer em seus próprios porões, observando-os atentamente, escovando ou esfregando com diferentes misturas, provando todos os dias, para depois vender apenas aqueles perfeitamente amadurecidos.

A paixão por esse processo é comum entre os membros da família Quatrehomme. A primeira casa, na Rue de Sèvres, perto da loja de departamentos Bon Marché, foi aberta em 1953 por Claude e Aliette. Quando eles se aposentaram, em 1978, seu filho Alain assumiu o negócio com a esposa, Marie, que se tornou proficiente no ofício e ganhou o prestigioso título de Meilleur Ouvrier de France, dado ao melhor artesão do país depois de um árduo processo de seleção. Ela foi a primeira mulher a ser indicada em uma categoria alimentícia.

Os filhos deles, Nathalie e Maxime, ambos na faixa dos trinta e poucos, comandam o negócio agora. Eles contribuem com sua energia e novas ideias, devotando suas férias à caçada por queijos preciosos e jovens produtores de talento. Ao mesmo tempo, têm toda a intenção de manter a atmosfera familiar da loja — os clientes mais antigos os conhecem desde que eram crianças — e das três filiais.

O mostruário giratório com espaço para duzentos queijos, a maior parte dos quais de produção artesanal a partir de leite cru, inclui clássicos e achados menos conhecidos. A família Quatrehomme fornece para quarenta dos mais prestigiosos hotéis e restaurantes da cidade e até exporta seus produtos para apreciadores de queijo de Hong Kong e do Brasil.

TARDE
L'APRÈS-MIDI

Un après-midi à Paris
Que je garde près de moi
—PHILIPPE KATERINE

A MAIOR DIFICULDADE QUE A CENA GASTRONÔMICA DE Paris apresenta é fazer um almoço do tamanho ideal para que sinta um pouco de fome do meio para o fim da tarde, hora do *goûter*. A popularidade dessa pequena refeição na França se origina no costume de se lanchar depois do colégio, que poucos adultos abandonam quando deixam de estudar. Como os parisienses em geral jantam tarde, por volta das oito ou nove da noite, a necessidade de algo que permita que aguentem até lá é real.

Le goûter é o horário nobre da indulgência, em que se pode reviver lembranças da infância com doçura. É quando se entra em uma padaria para escolher uma iguaria que o atraia na vitrine; quando se come um folhado de maçã quentinho enquanto se vai de um compromisso para o outro, limpando as migalhas caídas no blazer depois; quando se toma um sorvete às margens do rio ou se come um waffle crocante de barraquinha; quando se encontra um amigo para tomar um chocolate quente em uma casa de chá famosa.

~MADELEINES~
au thé Earl Grey

MADELEINES DE EARL GREY

RENDE 36 *MADELEINES* MÉDIAS

OS FRANCESES TÊM UMA LONGA HISTÓRIA DE AMOR COM O CHÁ. ELE FOI introduzido em meados do século XVII e logo passou a ser adotado pela elite. Madame de Sévigné, que documentou sua vida em cartas vividamente detalhadas, conta que Madame de la Sablière, uma parisiense culta e abastada, tomava chá com leite durante os salões que organizava.

A Revolução Francesa acabou com isso — só se tomava chá por sua conta e risco —, mas a moda retornou meio século depois, quando tudo o que era inglês se tornou desejável. As *maisons de thé* (casas de chá) mais antigas de Paris foram fundadas nesse período, como a Mariage Frères, de 1854, que hoje também serve doces e pães à base de chá, incluindo as *madeleines* de Earl Grey que exibem as notas delicadas de mexerica desse chá preto de sabor forte.

Minha versão é baseada na receita de Fabrice Le Bourdat; as *madeleines* de sua confeitaria no 12º *arrondissement* são perfeitas, macias e aeradas.

· NOTAS ·

Compre chá a granel e moa com um pilão ou em um moedor de temperos.

Para desenformar as *madeleines* como um profissional, segure a fôrma com ambas as mãos, vire-a de modo que as costas da fôrma estejam voltadas para você e bata a lateral em uma superfície firme; elas vão se soltar na hora. Se não estiver usando uma fôrma antiaderente ou for tímido na batida, serão necessárias mais algumas tentativas para soltá-las.

Congele as *madeleines* frias e sem cobertura em um recipiente hermético por até 1 mês. Tire do congelador na noite antes de servir.

· VARIAÇÕES ·

A mesma massa pode ser usada para fazer qualquer tipo de bolinho.

Experimente trocar o Earl Grey por qualquer outro chá de sua preferência.

16 colheres (sopa) (225 g) de manteiga sem sal

3 ovos grandes

⅔ de xícara (130 g) de açúcar

¼ de xícara (60 ml) de leite (de qualquer tipo)

1½ xícara (185 g) de farinha de trigo

2 colheres (sopa) de chá Earl Grey de boa qualidade, finamente moído (ver Notas)

1½ colher (chá) de fermento químico em pó

½ colher (chá) de bicarbonato de sódio

¼ de colher (chá) de sal marinho refinado

Glacê de laranja (receita a seguir)

Prepare a massa 1 dia antes de servir. Reserve 3 colheres (sopa) de manteiga e derreta o restante em uma panela pequena. Em uma tigela grande, bata os ovos e o açúcar, então incorpore o leite. Em uma tigela média, misture a farinha, o chá, o fermento, o bicarbonato de sódio e o sal, mexendo para desfazer pelotas. Junte a mistura de farinha aos ingredientes úmidos, batendo para misturar. Inclua a manteiga derretida. Cubra e leve à geladeira, de 1 noite a 3 dias.

Derreta as 3 colheres (sopa) (40 g) de manteiga reservadas e pincele uma parte sobre a fôrma de *madeleines*. Leve à geladeira por 15 a 30 minutos.

Preaqueça o forno a 230ºC.

Transfira a massa para um saco de confeiteiro com uma ponta simples de 1,25 cm. Preencha a fôrma untada, completando cerca de ¾ de cada cavidade. (Se a massa estiver dura demais, aguarde 10 minutos,

(continua)

até chegar à temperatura ambiente.) Bata a fôrma uma vez em uma superfície firme para remover quaisquer bolhas de ar. Devolva o restante da massa à geladeira.

Leve a fôrma ao forno, reduzindo a temperatura para 175ºC, e deixe até que as *madeleines* estejam inchadas e suas pontas comecem a dourar, o que deve levar de 15 a 18 minutos. Tire do forno e desenforme de imediato (ver Notas). Transfira para uma grade até esfriar completamente. Lave a fôrma, unte com mais manteiga derretida e leve à geladeira por 15 a 30 minutos antes de assar a próxima fornada.

Quando estiverem em temperatura ambiente, pincele o glacê de laranja sobre o lado arredondado das *madeleines*. Espere 1 hora para servir, até o glacê endurecer.

GLACÊ DE LARANJA
Glaçage à l'orange

RENDE CERCA DE 2/3 DE XÍCARA (160 ML)

ESTE GLACÊ SIMPLES, feito com dois ingredientes, leva apenas 1 minuto para ser feito. O resultado é uma cobertura fina, doce e cítrica para bolos e biscoitos. A receita é da minha mãe, que faz com sumo de limão-siciliano para cobrir seus biscoitos amanteigados de limão. Usei diversas vezes para adornar qualquer bolo que sai do forno um pouco mais claro (ou escuro) do que o esperado.

1¼ xícara (160 g) de açúcar de confeiteiro

3 a 4 colheres (sopa) (45 a 60 ml) de sumo de laranja espremido na hora (ou outro suco cítrico)

Coloque o açúcar em uma tigela, acrescente 1 colher (sopa) do sumo de cada vez e vá misturando, até que o glacê adquira a consistência certa para suas necessidades: cremoso para biscoitos amanteigados ou bolinhos e um pouco mais líquido para *madeleines*.

Espere que o bolo ou os biscoitos esfriem completamente antes de cobrir. Use um pincel ou as costas de uma colher para fazê-lo. O glacê vai levar de 30 minutos a 1 hora para endurecer.

~GÂTEAU~
nantais

BOLO
DE NANTES

SERVE DE 6 A 8

DESCOBRI ESSE BOLO NO CAFÉ TRAMA, UM BISTRÔ COMANDADO POR PAI e filha localizado perto da loja de departamentos Bon Marché. Eu o vi assim que entrei, brilhando sobre o balcão de mármore. É um bolo de amêndoas com rum e baunilha incrivelmente úmido e cheiroso, coroado por um glacê branco que quebra ao toque da colher.

Como o nome sugere, a receita é originária de Nantes, no oeste da França. A cidade fica às margens do Loire e foi o maior porto de navios negreiros do país no século XVIII. (Não é fácil para Nantes fazer as pazes com esse capítulo difícil de sua história, mas o Quai de la Fosse, onde esses navios ancoravam, agora é lar do Memorial à Abolição da Escravatura.) Foram os navios cheios de riquezas do Caribe francês — incluindo açúcar, rum e baunilha — que inspiraram uma confeiteira local a criar este bolo na época.

10½ colheres (sopa) (150 g) de manteiga sem sal em temperatura ambiente

½ xícara (60 g) de farinha de trigo

2 xícaras (200 g) de farinha de amêndoa

½ colher (chá) de sal marinho refinado

¾ de xícara (150 g) de açúcar

Sementes de 1 fava de baunilha pequena, ou 2 colheres (chá) de extrato de baunilha

3 ovos grandes

3 colheres (sopa) de rum escuro (ou sumo de limão-siciliano ou laranja)

PARA A COBERTURA

6 colheres (sopa) (45 g) de açúcar de confeiteiro

2 colheres (chá) de rum escuro (ou sumo de limão-siciliano ou laranja)

· **NOTA** ·
Você pode assar o bolo 1 dia antes. Cubra com um pano de prato limpo e coloque a cobertura logo antes de servir.

Preaqueça o forno a 175°C.

Unte uma fôrma redonda de 20 cm com ½ colher (chá) de manteiga e cubra com 1 colher (sopa) de farinha. Bata para tirar o excesso.

Em uma tigela, misture a farinha de amêndoa, o restante da farinha de trigo e o sal. Em uma tigela média, junte o restante da manteiga e o açúcar. Acrescente a baunilha e mexa até formar um creme. Adicione os ovos um a um, batendo bem, e então incorpore o rum. Acrescente os ingredientes secos aos molhados sem bater demais, formando uma massa grossa.

Despeje a massa na fôrma untada e bata contra uma superfície firme para acertar. Asse até que o topo esteja dourado e um palito enfiado no centro saia limpo, o que deve levar de 25 a 30 minutos.

Ainda na fôrma transfira para uma grade e deixe esfriar por 20 minutos. Passe uma faca em volta do bolo para soltá-lo e vire em um prato. Deixe esfriar completamente antes de espalhar a cobertura.

PREPARE A COBERTURA: Coloque o açúcar de confeiteiro em uma tigela pequena e misture com o rum. Deve ficar grosso e cremoso, não líquido. Cubra o bolo já frio e espere 1 hora para servir.

~CHAUSSONS~
aux pommes à l'ancienne

FOLHADO DE MAÇÃ À MODA ANTIGA

RENDE 6

CHAUSSON TAMBÉM SIGNIFICA "CHINELO", E QUANDO EU ERA PEQUENA imaginava a mim mesma enfiando os pés nos bolsos de massa folhada, sujando os dedos com o recheio de compota de maçã.

Conforme cresci, perdi o hábito de comer *chaussons*, até que mudei para um apartamento em Montmartre e descobri que a padaria da esquina fazia um com bordas onduladas, recheio com pedaços grandes de maçã e crosta maravilhosamente aerada coberta de açúcar.

É fácil de fazer na sua própria cozinha, já que se trata de uma compota simples de maçã — uma mistura de tipos variados contribui para o sabor — em meias-luas de massa folhada feita em casa ou comprada pronta.

680 g de maçã (3 a 4, preferencialmente de tipos variados), sem casca nem miolo, em cubos

¼ de xícara (50 g) de açúcar

Massa folhada simples (p. 105), ou 340 g de massa folhada comprada pronta

1 ovo grande levemente batido com 1 colher (chá) de água

3 colheres (sopa) (35 g) de açúcar demerara, ou outro açúcar menos refinado, com cristais grossos

• NOTA •
Se sua massa folhada já vier aberta e for retangular, corte em 6 quadrados. Depois de rechear, dobre na diagonal para fazer folhados triangulares.

Faça a compota pelo menos 2 horas antes de servir. Em uma panela média, misture as maçãs e o açúcar e leve ao fogo médio, mexendo com frequência, por 10 a 15 minutos, até amolecer. Amasse com uma colher de pau, deixando pedaços grandes. Aumente o fogo para alto e continue mexendo por cerca de 10 minutos, até que a compota deixe um filme no fundo da panela. Tire do fogo e deixe esfriar completamente. Cubra e leve à geladeira por até 1 dia.

Prepare os folhados pelo menos 1 hora antes de servir. Forre uma assadeira com papel-manteiga.

Divida a massa folhada em 6 porções (ver Nota). Em uma superfície levemente enfarinhada, abra cada pedaço em uma forma ovalada de 9 x 12 cm. Pincele a mistura de ovo em metade de cada um e acrescente a compota sem exagero, deixando uma margem de 2 cm. Dobre a massa por cima do recheio, pressionando as bordas para fechar.

Transfira os folhados para a assadeira untada, virando para manter o lado mais bonito para cima. Passe de novo a mistura de ovo. Se desejar, usando o lado sem corte da ponta de uma faca, empurre a massa em intervalos ao longo do lado arredondado para criar bordas onduladas. Leve a assadeira e o restante da mistura de ovo à geladeira por 1 hora ou a noite inteira.

Preaqueça o forno a 175°C.

Pincele os folhados de novo com a mistura de ovo e polvilhe açúcar demerara generosamente. Asse até a massa parecer fofa e dourada, o que deve levar de 30 a 35 minutos. Transfira para uma grade para esfriar. Sirva morno ou em temperatura ambiente. A textura fica melhor no primeiro dia.

~FLAN~
parisien

TORTA PARISIENSE DE CREME

SERVE DE 8 A 10

MUITOS PARISIENSES CITAM ESSA TORTA DE CREME COMO UM DOS DOCES favoritos da infância e o procuram em toda *boulangerie* que visitam, comparando suas impressões acerca da crocância da crosta e da cremosidade do recheio com as de outros fanáticos. Depois que se fica sabendo dela, é impossível não ver a torta alta de creme de baunilha por toda a cidade, já cortada em fatias generosas. Os dentes afundam no recheio fresco e gelatinoso para chegar à crosta aerada e mandar mensagens de satisfação total ao seu cérebro.

Fazer em casa é um processo que envolve três passos, embora não seja difícil. Você prepara o creme de baunilha, deixa esfriar, então cobre a massa e assa até que o topo tenha algumas marcas escuras.

2½ xícaras (600 ml) de leite integral

¾ de xícara (150 g) de açúcar

⅔ de xícara (70 g) de maisena

3 ovos grandes

2 colheres (chá) de extrato de baunilha (ver Notas)

⅔ de xícara (160 ml) de creme de leite fresco

1 colher (sopa) de manteiga sem sal, para untar

Massa de torta (p. 86) com 3 colheres (sopa) (35 g) de açúcar acrescentadas com a farinha

· **NOTAS** ·
Você pode usar sementes de baunilha para dar mais sabor: divida a fava ao meio no sentido do comprimento, raspe as sementes e coloque tudo na panela com o leite. Cozinhe em fogo baixo, então remova a fava antes de adicionar o leite à mistura de ovos.

O flan pode ser mantido na geladeira por 2 a 3 dias.

Prepare o recheio de 5 a 8 horas antes de servir. Em uma panela média, misture o leite e 6 colheres de sopa (75 g) de açúcar, então deixe ferver em fogo baixo. Em uma tigela grande, junte a maisena e as 6 colheres de sopa (75 g) restantes de açúcar. Adicione os ovos e a baunilha e mexa até ficar homogêneo. Acrescente o creme de leite fresco e o leite fervido, pouco a pouco.

Devolva a mistura à panela e ao fogo médio. Deixe cozinhar lentamente por cerca de 4 minutos, mexendo com o batedor manual enquanto o creme engrossa. Vai estar pronto quando ele deixar um rastro limpo, porque deve endurecer depois de esfriar. Despeje o creme em uma assadeira ou outro recipiente grande, cubra e deixe em temperatura ambiente por aproximadamente 2 horas.

Unte com manteiga uma fôrma redonda de fundo removível ou não com 5 cm de profundidade. Abra a massa de torta a uma espessura de 3 mm e cubra a fôrma com ela, passando o rolo pelas bordas para cortar o excesso. Coloque no congelador por, no mínimo, 1 a 2 horas. (Se estiver fazendo com antecedência, cubra com filme e deixe por até 1 mês.)

Preaqueça o forno a 200°C.

Bata o creme para amolecer, despeje sobre a massa congelada e deixe a superfície homogênea com uma espátula. Asse por 25 minutos, então aumente a temperatura para 230°C e deixe mais 10 minutos, olhando sempre, até que a parte de cima da torta de creme adquira algumas manchas escuras. Se achar que as partes expostas da massa estão escurecendo rápido demais, cubra levemente com faixas de papel-alumínio.

Deixe a torta esfriar por 1 hora, então mantenha na geladeira por 1h30.

~GLACE~
chocolat mendiant

SORVETE DE CHOCOLATE COM NOZES E PASSAS

SERVE 6

A INCRIVELMENTE CHARMOSA ÎLE SAINT-LOUIS FICA NO SENA, BEM NO meio de Paris, e é bem pequenininha, com apenas cinco quarteirões por dois. Quando o tempo está bom, uma caminhada à tarde pelas ruas do século XVII tem que terminar com uma bola de sorvete artesanal da Berthillon (ver p. 128) às margens do rio; é quase uma obrigação. Embora a Berthillon ofereça cerca de trinta sabores diferentes que podem mudar a cada nova visita, confesso que meu cérebro só processa aqueles que têm chocolate, que são muitos. Se tiver *glace chocolat mendiant* então, sou capaz de dançar.

É sem igual, muito saboroso e homogêneo, com uvas-passas, avelãs e nozes torradas para que cada lambida seja cremosa e crocante ao mesmo tempo. Tem esse nome por causa de um doce muito popular que leva os mesmos ingredientes, um disco fino de chocolate coberto com oleaginosas e frutas secas.

A Berthillon não divulga sua receita — acredite, eu tentei —, então fiz minha própria versão do clássico método do *crème glacée* compartilhado por Martine Lambert, outra referência no mundo dos sorvetes que mora na Normandia e tem algumas lojas espalhadas por Paris. É fácil de preparar, mesmo sem uma sorveteira, e vai tornar você uma pessoa muito, muito popular.

NOTAS

Você não tem uma sorveteira? Sem problemas! Coloque o recipiente com a mistura no congelador por 4 a 5 horas, mexendo a cada hora, mais ou menos, e raspando as laterais em direção ao centro, até que o sorvete esteja pronto. Inclua as nozes, as avelãs e as passas quase no final.

Em vez de fazer sorvete com a mistura, você pode servi-la como uma espécie de musse, deixando durante a noite na geladeira.

Sorvete caseiro sem aditivos tende a ficar bastante duro depois de 1 noite no congelador. Gosto de fazer bolas individuais logo que possível e congelar em uma assadeira forrada com papel-manteiga, então transferir para um recipiente grande, a fim de deixar mais à mão para uma sobremesa rápida.

VARIAÇÃO

Use outras oleaginosas e frutas secas, se quiser.

4 gemas de ovos grandes

½ xícara (100 g) de açúcar

1⅔ xícara (400 ml) de leite (de qualquer tipo)

200 g de chocolate meio amargo de boa qualidade (com 60% a 70% de cacau), bem picado

¼ de xícara (25 g) de nozes torradas e grosseiramente picadas

¼ de xícara (30 g) de avelãs torradas e grosseiramente picadas

¼ de xícara (40 g) de uvas-passas pretas

Prepare o creme de chocolate 1 dia antes de servir. Em uma panela média, coloque cerca de 5 cm de água para ferver. Separe uma tigela média refratária que encaixe na panela sem tocar a água embaixo (descarte um pouco da água se necessário).

Com essa tigela apoiada em uma superfície de trabalho, bata as gemas e o açúcar até dobrar de volume e ficar homogênea. Adicione e misture o leite. Encaixe a tigela sobre a panela com água fervente e bata até que a mistura chegue a 85°C, o que deve levar cerca de 10 minutos. Tire a panela do fogo.

Adicione o chocolate e deixe parado por 1 minuto, então mexa até que esteja derretido e homogêneo. Espere chegar à temperatura ambiente, cubra e deixe na geladeira durante a noite. Vai ficar bem grosso.

Use a sorveteira conforme as instruções do fabricante, incorporando as nozes, as avelãs e as uvas-passas nos momentos finais do resfriamento.

Sirva em seguida ou guarde em um recipiente hermético no congelador.

LA MAISON BERTHILLON

Três gerações de sorveteiros artesanais

"O QUE *PAPY* FARIA?" LIONEL CHAUVIN PODERIA TATUAR ESSA FRASE EM seu pulso.

Prestes a sair da faixa dos trinta, o sorveteiro de terceira geração sempre compara a qualidade de seus produtos com os de seu falecido avô Raymond Berthillon, que começou a produzir iguarias congeladas na Île Saint-Louis em 1954.

Os *sorbets* tinham saído de moda, mas foi ele quem os reintroduziu, usando as melhores frutas da estação para garantir a essência do sabor concentrada em uma única bola. Ele tinha tanta disposição para fazer sorvetes maravilhosos quanto para sair de madrugada para buscar os melhores ingredientes no mercado de Les Halles, do outro lado do Sena.

Logo Raymond se tornou o *glacier* preferido de toda Paris, formando parcerias com restaurantes espalhados pela cidade, que se estapeavam para oferecer o que havia de melhor. A Maison Berthillon se tornou parada obrigatória, assim como o Louvre ou a Notre-Dame. (Em agosto, quando os parisienses saem da cidade, a loja fecha para suas férias anuais. Mas outros estabelecimentos na Île continuam vendendo sorvete da marca.)

A princípio, Raymond Berthillon comandava o negócio com a esposa e a sogra; ele o passou para a filha e o genro, que por sua vez envolveram seus dois filhos, Lionel e Muriel, no trabalho. É um próspero negócio familiar, que mantém o charme do passado com uma abordagem purista (ingredientes frescos, sem utilização de nenhum tipo de aditivo), mas que de alguma forma consegue produzir receitas novas e inventivas a cada mês — *le parfum du mois*, que os clientes fiéis aguardam ansiosamente — e modernizar o processo para se manter por cima.

A pequena fábrica na Rue Saint-Louis-en-l'Île produz mil litros de sorvetes e *sorbets* todos os dias, em trinta sabores — de um repertório completo de noventa. As receitas não são fixas; têm que ser ajustadas diariamente de acordo com a natureza dos ingredientes que a equipe tem à disposição, e nenhum sorvete é liberado sem a aprovação de um membro da família Berthillon.

O *sorbet fraise des bois* (morango selvagem) é lendário, assim como o sorvete de marrom-glacê; eu venderia minha alma por qualquer um dos seis sabores de chocolate, especialmente o *sorbet* de cacau e o Sorvete de chocolate com nozes e passas (p. 126).

~GAUFRES~
du manège

WAFFLE DE CARROSSEL

SERVE DE 4 A 6

EM GERAL, OS PARISIENSES MORAM EM APARTAMENTOS PEQUENOS, E PARA aqueles de nós que têm crianças em casa, nos fins de semana é vital encontrar atividades na rua, antes que o confinamento as deixe irritadas. Por sorte, Paris é cheia de parques — e de carrosséis. Os tradicionais, com cavalos e carruagens, são mais bonitos, mas as crianças preferem outros mais espalhafatosos, como aqueles com motos e helicópteros, com imagens de personagens como Bart Simpson e Super Mario.

Deixando a questão estética de lado, o traço universal dos carrosséis é a barraquinha de doces que fica ao lado, enchendo o ar com o cheiro doce de crepes ou waffles. Estes waffles são do mesmo tipo que você encontra em qualquer outro lugar do mundo: crocante por fora, leve e macio por dentro, soltando vapor quente no ar frio de inverno. Todo tipo de cobertura grudenta é disponibilizado — chantili! calda de chocolate! creme de castanha-portuguesa! —, mas eu prefiro o mais simples, com açúcar de confeiteiro polvilhado, que faz muitas crianças espirrarem e deixa a pontinha de seus narizes branca.

2⅓ xícaras (300 g) de farinha de trigo

1 colher (sopa) de fermento químico em pó

½ colher (chá) de sal marinho refinado

⅓ de xícara (70 g) de açúcar

½ xícara (110 g) de manteiga, derretida e já fria

2 ovos grandes

2 xícaras (480 ml) de leite (de qualquer tipo)

PARA SERVIR

Açúcar de confeiteiro

Calda simples de chocolate (p. 247)

Chantili (p. 143)

Creme de castanha-portuguesa (disponível em mercados gourmet e lojas especializadas)

Maple syrup

Lascas de chocolate

· **NOTAS** ·

A mesma massa pode ser levada à frigideira para fazer excelentes panquecas.

Sobras de waffles ficam ótimas quando esquentadas na torradeira ou no forninho elétrico.

Em uma tigela, junte a farinha, o fermento, o sal e o açúcar. Faça um buraco no meio e acrescente ali a manteiga derretida e os ovos. Misture com parte da farinha. Despeje o leite devagar enquanto bate até chegar a uma massa homogênea (tudo bem se sobrarem algumas pelotas). Deve ficar parecida com uma massa de panqueca.

Cubra e leve à geladeira por 1 hora. (A massa dura até 2 dias, mas é melhor quando usada depois de 1 hora.) Mexa um pouco antes de usar.

Preaqueça a máquina de waffle e unte se necessário.

Despeje a massa com uma concha pequena. Cada cavidade deve receber o bastante para que a preencha ao crescer, mas não tanto que vaze. Cozinhe por 5 a 6 minutos, até ficar dourado-escuro; o vapor que sai da máquina vai diminuir significativamente quando os waffles estiverem quase prontos. (Evite abrir cedo demais, ou os waffles vão quebrar.)

Deixe descansar por 2 minutos em uma grade antes de servir com açúcar de confeiteiro, calda de chocolate, chantili, creme de castanha-portuguesa, *maple syrup*, lascas de chocolate ou o que desejar.

~MAKROUTS~
au four

MAKROUTS
AO FORNO

RENDE CERCA DE 48

QUANDO O CALOR DO VERÃO DE FATO CHEGA, FUJO PARA A GRANDE Mesquita de Paris, no quinto *arrondissement*. No pátio assombreado, tomo um chá de hortelã e finjo que estou me escondendo em um *riad* em Marrakesh, em meio a fontes e mosaicos de azulejo frios.

A primeira e maior mesquita construída na França foi inaugurada nos anos 1920 em homenagem aos soldados franco-árabes caídos durante a Primeira Guerra. Embora seja um local de culto, também funciona como restaurante e como uma casa de banho para visitantes de todas as crenças. No salão de chá, você pode escolher um dos muitos doces do Norte da África expostos em uma vitrine. Gosto do *makrout*, um bolo de semolina e sêmola com água de flor de laranjeira e recheado com uma pasta de tâmaras. A versão tradicional é frita, mas nossa babá uma vez trouxe alguns assados que a mãe dela havia feito, e eu lhe pedi que me ensinasse a receita.

· NOTA ·
A sêmola e a semolina são feitas de trigo durum; é possível encontrar ambas em supermercados ou em estabelecimentos especializados em produtos árabes. Para chegar à textura típica do *makrout*, use os dois tipos, se possível. Caso contrário, prefira a semolina.

1⅓ xícara (250 g) de semolina, e mais um pouco para enfarinhar

1⅓ xícara (250 g) de sêmola

2 colheres (sopa) (25 g) de açúcar

½ colher (chá) de canela em pó

10½ colheres (sopa) (150 g) de manteiga sem sal, derretida

12 tâmaras (225 g) grandes, macias e sem caroço, ou 200 g de pasta de tâmaras comprada pronta

2 colheres (chá) de azeite

4 colheres (sopa) (60 ml) de água de flor de laranjeira

PARA A COBERTURA (OPCIONAL)

½ xícara (120 ml) de mel

2 colheres (sopa) de água de flor de laranjeira

Em uma tigela média, junte a semolina, a sêmola, o açúcar e a canela. Acrescente a manteiga derretida e misture com a ponta dos dedos. Reserve por 30 minutos. Em outra tigela, amasse as tâmaras com o azeite e 1 colher (sopa) de água de flor de laranjeira, até chegar a uma pasta homogênea. (Se as tâmaras estiverem grossas demais, use uma tesoura de cozinha ou duas facas para cortá-las antes de esmagar.)

Acrescente as 3 colheres (sopa) restantes de água de flor de laranjeira à mistura de sêmola e semolina e misture com os dedos. Ponha ½ xícara (120 ml) de água fria. Então comece a adicionar 1 colher (sopa) de água por vez, sempre amassando, até que a massa comece a grudar. Ela deve ficar lisa como bundinha de nenê e levemente grudenta.

Preaqueça o forno a 175°C e forre uma assadeira com papel-manteiga ou um tapete de silicone para forno.

Enfarinhe levemente sua superfície de trabalho com a semolina. Divida a massa em 4 partes. Enrole um pedaço em um cilindro de cerca de 30 cm de comprimento. Faça um sulco no meio e transforme as pontas em "paredes" de cerca de 4 cm de altura. Espalhe ¼ da pasta de tâmaras no sulco e dobre as paredes por cima, pressionando. Gire o cilindro e feche quaisquer rachaduras na superfície.

Use o lado sem corte de uma faca para decorar o cilindro com linhas diagonais. Corte-o em pedaços de cerca de 2,5 cm de largura. Disponha sobre a assadeira com 2,5 cm de distância entre cada um.

Repita o processo com o restante da massa e da pasta de tâmaras.

Asse até dourar, o que deve levar de 15 a 20 minutos. Se for acrescentar a cobertura, deixe esfriar completamente na assadeira antes.

CUBRA OS *MAKROUTS*: Coloque uma grade sobre uma travessa. Em uma panela pequena, derreta o mel em fogo baixo. Acrescente a água de flor de laranjeira. Usando palitos japoneses, mergulhe os *makrouts* dos dois lados no xarope e depois coloque sobre a grade. Deixe descansar por pelo menos 3 horas ou a noite inteira.

~MONT-BLANC~

SUSPIRO
COM CREME DE CASTANHA

SERVE DE 6 A 8

ANGELINA, A CASA DE CHÁ ICÔNICA DE PARIS, É FAMOSA POR SEU CHOCOLATE quente aveludado (p. 142) e pelo *mont-blanc*. O doce que leva o nome da maior montanha dos Alpes é uma construção em domo de suspiro e chantili, coberta por um fio fino de creme de castanha-portuguesa. É uma mistura divina de texturas — crocante, aerado e cremoso — e o toque da castanha-portuguesa o torna irresistível.

A forma clássica de montanha é difícil de reproduzir em casa, porque logo se torna um amontoado bagunçado. Sem querer ficar muito técnica, gosto de brincar com diferentes maneiras de servir. Funciona bem em camadas alternadas em uma xícara ou taça de vidro, mas o formato vencedor foi sugerido por minha querida amiga Laurence, que apareceu no dia em que eu estava testando a receita. Juntas, fizemos *mont-blancs* compridos para ser divididos. Recomendo essa versão.

PARA O SUSPIRO

3 colheres (sopa) (40 g) de açúcar refinado

¼ de xícara (40 g) de açúcar de confeiteiro

3 claras de ovos grandes, em temperatura ambiente

¼ de colher (chá) de cremor de tártaro

¼ de colher (chá) de sal marinho refinado

PARA MONTAR

1 xícara (240 ml) de creme de leite fresco

1 xícara (250 g) de creme de castanha-portuguesa (disponível em mercados gourmet e lojas especializadas)

· **NOTA** ·
No tempo úmido, o suspiro pode absorver a umidade do ar e amolecer. Nessas circunstâncias, é melhor assá-los o mais perto de servir possível.

PREPARE O SUSPIRO 4 HORAS ANTES DE SERVIR: Posicione as grades do forno na parte mais baixa e na mais alta do forno, preaqueça a 100°C e forre duas assadeiras com papel-manteiga.

Em uma tigela pequena, misture o açúcar refinado e o de confeiteiro.

Junte as claras, o cremor de tártaro e o sal na tigela da batedeira. Bata em velocidade média até formar picos médios. Adicione ⅓ da mistura de açúcar e continue batendo conforme acrescenta o restante, um pouco por vez. O suspiro vai estar pronto quando formar picos firmes e brilhantes; isso deve levar cerca de 10 minutos.

Transfira para um saco de confeiteiro com uma ponta simples ou de estrela de 1,25 cm. Trabalhando em um zigue-zague compacto, espalhe o suspiro por uma das assadeiras em 4 retângulos compridos de cerca de 4 x 30 cm. Espalhe o restante em bolinhas de 2,5 cm na segunda assadeira; deve render cerca de 60. (Elas não serão usadas nesta receita, mas, depois de assadas, você pode servi-las com café ou sorvete.)

(continua)

TARDE ~ 135

Asse por 1h30 a 2 horas, até que o suspiro esteja firme e se solte com facilidade do papel-manteiga, invertendo a posição das assadeiras e a grade em que estão na metade do tempo. Se os suspiros começarem a ganhar cor, reduza um pouco a temperatura do forno.

Enquanto isso, lave o saco de confeiteiro e a ponta utilizada. Faça o mesmo com a tigela da batedeira e o batedor e leve-os à geladeira para esfriar.

Tire os retângulos de suspiro com cuidado do papel-manteiga e deixe esfriar sobre uma grade.

PARA MONTAR: Coloque o creme de leite fresco na tigela da batedeira que estava na geladeira. Comece a bater em velocidade média-baixa, aumentando a velocidade levemente a cada 30 segundos, mais ou menos, até que o batedor deixe marcas claras no creme e ele forme picos firmes e bonitos quando se levanta o batedor, o que deve durar de 4 a 5 minutos no total. Transfira tudo para o saco de confeiteiro com a ponta usada para o suspiro.

Imediatamente antes de servir, passe o creme de castanha-portuguesa para um saco tipo zip firme, removendo todo o ar ao fechar. Faça uma abertura minúscula (1 mm) no canto; você vai fazer os fios de creme com esse saco.

Disponha os 4 retângulos de suspiro em uma travessa grande. Espalhe o chantili por toda a extensão do suspiro. Trabalhando de um canto do retângulo ao outro, espalhe o creme de castanha-portuguesa em um zigue-zague compacto, cobrindo o suspiro e o chantili.

Leve assim para a mesa e corte em três ou quatro para servir, dependendo do apetite.

~LAIT D'AMANDE~
aux dates et à la vanille

LEITE DE AMÊNDOA
COM TÂMARAS E BAUNILHA

SERVE DE 2 A 4

PARIS É UMA CIDADE IGUALMENTE MOVIDA PELA COMIDA E PELA MODA E QUE adota as últimas tendências em saúde com entusiasmo. Foi assim que os sucos prensados a frio entraram para a cena gastronômica no começo da década, prometendo um sabor vibrante e uma bomba de micronutrientes em um único copo.

Algumas empresas são mais cuidadosas que outras quando se trata de qualidade e frescor, e entre as melhores que eu conheço está a Nubio, um pequeno negócio comandado com paixão e estilo por duas jovens na badalada Rue Paul-Bert. Um dos meus favoritos é o *petite douceur* (pequena recompensa), uma garrafa de leite de amêndoas com sabor de baunilha e tâmara. Ele é feito com leite de amêndoas extraído diariamente com um aparelho específico, mas eu o preparo rapidinho batendo no liquidificador minha própria manteiga de amêndoa, que sempre tenho à mão. É uma bebida sedosa, ligeiramente doce e muito saborosa: a escolha perfeita para o meio da tarde e uma ótima base para *smoothies*.

3 colheres (sopa) (50 g) de manteiga ou pasta de amêndoa natural e homogênea, de preferência crua

3 tâmaras grandes (60 g no total) sem caroço e picadas

½ colher (chá) de extrato de baunilha

Uma pitada de sal marinho

3 cubos de gelo

2 xícaras (480 ml) de água filtrada

· VARIAÇÕES ·
Acrescente um punhado de frutas vermelhas ou uma pitada de canela, ou use qualquer outro tipo de manteiga de oleaginosa.

Em um liquidificador, coloque a manteiga de amêndoa, as tâmaras, a baunilha, o sal, o gelo e a água. Bata em velocidade alta por 20 a 30 segundos, até ficar completamente homogêneo.

Sirva em copos e beba na hora ou leve à geladeira por até 1 dia (mexa bem antes de tomar).

LA MAISON CLUIZEL

=Três gerações de *chocolatiers* =

A RUE SAINT-HONORÉ É UMA VIA LONGA E ELEGANTE QUE ATRAVESSA O primeiro *arrondissement*, da igreja Madeleine a Les Halles, um ponto chique em que algumas das marcas mais exclusivas do mundo têm lojas. Essa rua recebeu o nome do santo padroeiro dos padeiros, e é onde o grande clássico da confeitaria francesa, o *saint-honoré* — uma construção magnífica de carolinas de creme cobertas de caramelo e chantili — foi inventado, em 1850.

Foi nesse ambiente doce e luxuoso que a família Cluizel abriu sua primeira loja em Paris, vendendo os chocolates que produziam havia mais de sessenta anos.

Há apenas cerca de duas dúzias de *chocolatiers* na França que produzem o chocolate a partir do cacau, um processo elaborado que envolve uma série de máquinas específicas que torram, esmagam, selecionam, moem, misturam e realizam a conchagem, transformando as sementes de cacau fermentadas e secas no que consideramos chocolate. A grande maioria compra o produto final de indústrias especializadas, então derrete e usa como quiser para confeccionar seu próprio chocolate.

A história dos Cluizel teve início com Marcelle e Marc Cluizel em 1948; a eles logo se juntou seu filho de quinze anos, Michel, que eventualmente assumiu o negócio e continuou a desenvolver o processo de fabricação — a maior parte das máquinas que eles usam foi feita sob encomenda segundo as especificações da família —, e sua visão permitiu que a empresa se desenvolvesse internacionalmente.

Agora administrada pelos filhos de Michel, Marc, Sylvie e Catherine, a Maison Cluizel vende barras de chocolate e outros produtos derivados para indivíduos e empresas em mais de cinquenta países. Mesmo assim, muitos dos passos do processo continuam a ser feitos à mão, com práticas sustentáveis e ingredientes de qualidade, como manteiga de cacau puro e favas inteiras de baunilha, sem adição de sabores artificiais.

O nome que Michel Cluizel deu a esse processo e registrou é *cacaofèvier* (*fève de cacao* é a semente de cacau). É central na abordagem da família as parcerias diretas e justas que estabelecem com cinco plantações de cacau, em Madagascar, no México, na República Dominicana, em São Tomé e Príncipe e em Papua-Nova Guiné. A qualidade desses relacionamentos se reflete no meu produto favorito: uma linha de tabletes com cacau de cada plantação que expressa a individualidade do *terroir*, como um vinho *grand cru*.

~CHOCOLAT CHAUD~
parisien

CHOCOLATE QUENTE PARISIENSE

SERVE 6

PARA FUGIR DO FRIO CORTANTE DO INVERNO, OS PARISIENSES DEBANDAM para os cafés, enrolam-se nos cobertores fornecidos e pedem um *chocolat chaud*. A bebida aveludada é servida em uma *chocolatière* (uma espécie de bule), que contém cerca de duas xícaras cheias, com chantili como acompanhamento opcional.

O segredo de seu sucesso ou fracasso é a qualidade do chocolate usado. Estabelecimentos conhecidos, como o Café de Flore, Les Deux Magots e Angelina, certamente retêm a aura histórica, e seu chocolate quente denso não decepciona. Mas os parisienses preferem aqueles oferecidos pelos mestres chocolateiros, como Jacques Genin ou Jean-Paul Hévin.

Faça no conforto do seu lar para poder mergulhar a pontinha do *croissant* na xícara, que é o que as crianças francesas fazem para *le goûter*.

· **NOTA** ·
Para mais sabor, 1 dia antes, abra uma fava de baunilha, raspe as sementes e acrescente tudo ao leite. Deixe ferver e depois esfriar completamente. Mantenha na geladeira durante a noite em um recipiente hermético e descarte a fava antes de usar.

¼ de xícara (50 g) de açúcar

3 xícaras (720 ml) de leite (de qualquer tipo)

230 g de chocolate meio amargo (de 60% a 70% de cacau) bem picado

Chantili (receita ao lado), para servir

Em uma panela média, derreta o açúcar em fogo médio até ficar âmbar, sem mexer: só gire a panela de tempos em tempos para encorajar uma caramelização homogênea. Isso deve levar de 4 a 5 minutos. Tire do fogo e deixe esfriar por 1 minuto.

Com cuidado, adicione o leite, devolva ao fogo médio e deixe ferver, mexendo bem para dissolver. Reduza o fogo para médio-baixo. Acrescente o chocolate e mexa até derreter. Cozinhe em fogo baixo por 5 a 8 minutos, mexendo continuamente sem permitir que ferva, até o chocolate quente engrossar. (Você pode fazer isso antecipadamente, é só reaquecer antes de servir.)

Coloque em xícaras e deixe descansar por 5 minutos. Sirva com chantili em um potinho separado ou por cima do chocolate quente. Nesse último caso, acrescente-o no minuto final, usando um saco de confeiteiro com a ponta de estrela.

CHANTILI
Crème Chantilly

RENDE
1½ XÍCARA
(360 ML)

O CHANTILI É UMA MARCA da confeitaria francesa. Seu nome vem do château de Chantilly, que fica a uma curta viagem de trem de Paris, onde se acredita que foi inventado pelo chef François Vatel no século XVII. É usado para levar a outro nível frutas vermelhas da estação, uma taça de sorvete (p. 246), uma fatia de bolo simples ou um crepe com calda de chocolate (p. 247).

⅔ de xícara (160 ml) de creme de leite fresco

2 colheres (sopa) (12 g) de açúcar de confeiteiro

½ fava de baunilha

Se possível, coloque a tigela e a pá da batedeira na geladeira 2 horas antes de começar.

Nessa tigela, junte o creme de leite fresco e o açúcar de confeiteiro. Raspe as sementes da fava de baunilha e acrescente à tigela. Bata o creme em velocidade média-baixa, então aumente um pouco a cada 30 segundos, até chegar à velocidade média-alta. Você deve atingir o ponto certo entre 4 e 5 minutos depois, quando o batedor deixar um rastro claro e formar lindos picos firmes no creme quando levantado.

Transfira para um recipiente com tampa (ou um saco de confeiteiro com a ponta de estrela) e mantenha na geladeira por 2 horas ou durante a noite inteira antes de usar.

HÁ UMA VARIEDADE DE DOCES NA VITRINE DA LADURÉE ORIGINAL, NA RUE Royale, mas são os delicados *macarons* em tons pastel que mais atraem os clientes, que chegam com a ideia de comprar só um, talvez dois, e por que não uma caixa com oito?

O *macaron*, um sanduíche de suspiro de amêndoa com recheio de ganache, surgiu em torno de 1830 e foi popularizado pela própria Ladurée. Hoje, são vendidos por toda parte, ordenados em fileiras por suas cores. Mas é melhor pesquisar antes de comprar um: poucas confeitarias possuem tempo e recursos para fazê-los, de modo que vendem produtos industrializados só para não ficar para trás.

Na história moderna do *macaron*, é preciso destacar a contribuição do chef confeiteiro Pierre Hermé, que deixou a Ladurée para começar seu próprio negócio no fim dos anos 1990. Ele logo expandiu sua oferta para incluir algumas novidades, como azeite e trufa branca, uma paleta de sabores distante dos mais tradicionais, como chocolate, framboesa, caramelo e pistache.

A paixão francesa por *macarons* não parece diminuir, e fico feliz em dizer que essas iguarias sem glúten podem ser feitas em casa. Você não vai atingir o nível de perfeição de Hermé na primeira tentativa, mas certamente vai ficar impressionado com suas próprias criações.

~MACARONS~
au chocolat tout simples

MACARON
SIMPLES DE CHOCOLATE

RENDE CERCA DE 30

PARA O SUSPIRO

1 xícara (100 g) de farinha de amêndoa, a mais fina que encontrar (ver Notas)

3 colheres (sopa) (15 g) de cacau alcalino em pó

3 claras de ovos grandes

¼ de colher (chá) de sal marinho refinado

⅛ de colher (chá) de cremor de tártaro

¼ de xícara (50 g) de açúcar refinado

1⅓ xícara (150 g) de açúcar de confeiteiro

PARA O RECHEIO

115 g de chocolate meio amargo de boa qualidade (60% a 70% de cacau), bem picado

⅓ de xícara (80 ml) de creme de leite fresco

1 colher (sopa) (15 g) de manteiga sem sal, em cubos

· NOTAS ·

Se só encontrar uma farinha de amêndoa mais grossa, use um processador de alimentos para afiná-la, pulsando. (Não dá certo no liquidificador.)

Se não tiver saco de confeiteiro, separe um saco firme tipo zip e corte uma pontinha do fundo.

FAÇA O SUSPIRO: Coloque uma grade do forno na posição mais alta e outra na mais baixa, então o preaqueça a 165°C. Forre duas assadeiras com papel-manteiga ou tapetes de silicone. Certifique-se de que esteja tudo seco.

(continua)

TARDE ~ 145

Peneire a farinha de amêndoa e o cacau em pó para uma tigela. Descarte os pedaços de amêndoa que não passarem pela peneira.

Em uma tigela média, bata as claras, o sal e o cremor de tártaro em velocidade baixa por cerca de 30 segundos, até formar espuma. Aumente a velocidade para média-alta e bata por 1 minuto, até formar picos de consistência mediana. Continue batendo em velocidade média-alta e acrescente o açúcar refinado em 4 a 5 porções, esperando 15 segundos entre cada uma, até os picos formados estarem firmes e o suspiro, branquinho e brilhante. Continue batendo em velocidade média-alta, agora adicionando lentamente o açúcar de confeiteiro, até os picos ficarem firmes novamente.

Acrescente a farinha e o cacau peneirados em um movimento circular com a espátula para evitar murchar o suspiro ao bater demais. Ao levantar a espátula, o suspiro grudado nela deve pingar em um fio contínuo.

Passe o suspiro para um saco de confeiteiro com uma ponta simples de 1,25 cm. Segurando o saco verticalmente sobre a assadeira, forme círculos de 4 cm a cerca de 4 cm uns dos outros. Deve dar cerca de 30 por assadeira. Bata as assadeiras algumas vezes em uma superfície firme para remover bolhas de ar.

Asse por 12 a 16 minutos, até que os suspiros estejam abobadados, trocando a posição e a altura das assadeiras depois de 10 minutos. Para verificar se estão prontos, tente sacudir alguns suspiros com delicadeza. Se não conseguir, pode seguir em frente.

Deixe esfriar por alguns minutos nas assadeiras, então tire com cuidado e transfira para uma grade para resfriar completamente.

PREPARE O RECHEIO: Coloque o chocolate picado em uma tigela média refratária.

Em uma panela pequena, ferva o creme de leite fresco. Acrescente ao chocolate e mexa (sem bater) com uma espátula até ficar homogêneo e brilhante. Adicione a manteiga e incorpore.

Limpe o saco de confeiteiro e a ponta e coloque o recheio nele. Deixe esfriar por 30 minutos.

Para montar, forme pares de suspiros com o tamanho mais próximo. Coloque um disco de cerca de 1 colher (chá) do recheio em apenas um suspiro de cada par. Ponha o suspiro correspondente por cima, pressione e gire com delicadeza para acertar o recheio. Mantenha na geladeira por pelo menos 2 horas ou durante a noite inteira.

~MINI-PAVÉS~
garnis

PÃEZINHOS RECHEADOS

RENDE 6

NAS PADARIAS, O TERMO *PAVÉ* **(LITERALMENTE, A PEDRA DO CALÇAMENTO** das ruas) é usado para pães artesanais em forma de paralelepípedo. Os *pavés garnis* em miniatura adotam o mesmo formato, com camadas de saborosos recheios: fatias de presunto ou bacon, pedaços de queijo, azeitonas picadas, nozes e outras oleaginosas.

São o lanche perfeito se estiver precisando de algo que segure a fome até o jantar. É fácil fazer em casa, e você vai se sentir muito chique se servi-los no brunch ou acompanhados de uma salada no almoço. Nesta receita, sugiro rechear com azeitonas, bacon e queijo, mas você pode experimentar outras combinações ou fazer uma fornada com tudo o que tiver, de modo que cada mordida seja única.

PARA O PRÉ-FERMENTO

½ colher (chá) de fermento biológico seco

⅓ de xícara (80 ml) de água morna

130 g de farinha de trigo (cerca de 1 xícara)

½ colher (chá) de sal marinho refinado

PARA A MASSA

200 g de farinha de trigo (cerca de 1½ xícara), e mais um pouco para enfarinhar

½ colher (chá) de fermento biológico seco

½ colher (chá) de sal marinho refinado

⅔ de xícara (160 ml) de água morna

PARA O RECHEIO

3½ fatias (100 g) de bacon grosso, cortado em *lardons* (ver Nota da p. 61)

¼ de xícara (45 g) de azeitonas pretas, sem caroço e picadas

45 g de queijo duro, como o emmenthal, em cubos médios

Azeite, para pincelar

· **NOTA** ·
Os pãezinhos podem ser congelados quando frios. Tire do congelador uma noite antes de servir e leve ao forno a 200°C por 5 minutos para recuperar a textura.

FAÇA O PRÉ-FERMENTO 1 DIA ANTES DE SERVIR: Dissolva o fermento na água morna (ver Como ativar o fermento, p. 21).

Em uma tigela média, incorpore com uma colher de pau a farinha e o sal ao fermento dissolvido. Cubra a tigela com filme e deixe descansar em temperatura ambiente por 1 a 2 horas, então leve à geladeira.

FAÇA A MASSA: No dia seguinte, retire o pré-fermento da geladeira 1 hora antes de prosseguir. Acrescente a farinha, o fermento, o sal e a água morna. Misture com uma colher de pau até incorporar. A massa vai ficar solta e grudenta. Cubra e deixe descansar em temperatura ambiente em um local protegido de correntes de ar.

"Dobre" a massa sobre si mesma deslizando um pão-duro entre a massa e a lateral da tigela. Faça isso por toda a extensão da tigela. Cubra e deixe descansar por mais 1 hora em temperatura ambiente em um local protegido de correntes de ar.

RECHEIE: Em uma frigideira pequena, frite o bacon em fogo médio-baixo, até dourar. Transfira para uma tigela. (Guarde a gordura residual para outros usos.)

Forre uma assadeira com papel-manteiga. Ponha os 3 ingredientes do recheio (bacon, azeitonas e queijo) em tigelas separadas.

Passe a massa para uma superfície de trabalho enfarinhada e divida-a em seis partes iguais. Trabalhando com uma parte por vez, abra-a a uma espessura de cerca de 1 cm. Espalhe metade de um dos recheios e enrole a massa apertado, escondendo as pontas para chegar a um formato retangular. Transfira para a assadeira com a emenda para baixo. Repita o processo com a massa e os recheios restantes, até ter 2 pãezinhos de bacon, 2 de queijo e 2 de azeitona. Cubra com papel-toalha e deixe descansar por 30 minutos em temperatura ambiente em um local protegido de correntes de ar.

Coloque uma assadeira na grade mais baixa do forno e encha de água fervente. Se tiver uma pedra de pizza, coloque na grade acima da assadeira. Preaqueça o forno a 230°C.

Tire qualquer excesso de farinha do topo dos pãezinhos e pincele azeite. Transfira a assadeira para a grade acima daquela com água, ou, se for usar a pedra de pizza, deslize o papel-manteiga até ela com cuidado, de preferência usando uma pá de forneiro. Asse por 10 minutos, então reduza a temperatura do forno para 200°C e deixe por mais 20 minutos, até ficar dourado-escuro.

Transfira para uma grade para esfriar completamente antes de servir.

~KOUIGN AMANN~
TORTA FOLHADA
DE CARAMELO SALGADO

SERVE 10

UMA DAS MINHAS RECORDAÇÕES DE INFÂNCIA FAVORITAS É DE PASSAR AS férias na Bretanha e comer *kouign amann* (pronuncia-se quim-ia-mã e significa "bolo de manteiga" na língua local) de uma barraquinha do mercado. Trata-se de um doce irresistivelmente amanteigado e caramelizado criado em 1860 em Douarnenez, uma cidadezinha da costa da Bretanha.

Era impossível encontrá-la em Paris, mas agora já é uma velha conhecida das padarias, que a oferece entre seu rol de delícias. Mas gosto de fazê-las em casa também. É um modo certeiro de agradar os amigos quando vêm tomar chá da tarde.

O processo é similar ao da Massa folhada simples (p. 105). A massa deve ser dobrada sobre a manteiga e o açúcar, para depois se transformar em uma maravilhosa mistura de pão e torta com um caramelo amanteigado.

½ colher (chá) de fermento biológico seco

⅔ de xícara (160 ml) de água morna

12 colheres (sopa) (170 g) de manteiga sem sal, resfriada

⅔ de xícara (130 g) de açúcar

1¾ xícara (230 g) de farinha de trigo

½ colher (chá) de sal marinho refinado

1 colher (sopa) de leite (de qualquer tipo)

Pelo menos 2h30 antes de servir, dissolva o fermento na água morna (ver Como ativar o fermento, p. 21).

Enquanto isso, unte uma fôrma redonda (que não seja de fundo removível) com 1 colher de sopa (15 g) de manteiga e polvilhe 2 colheres de sopa (25 g) de açúcar.

Em uma tigela grande, junte a farinha e o sal. Forme um buraco no meio e despeje a mistura de fermento dissolvido. Mexa com uma colher de pau até incorporar. Em uma superfície de trabalho limpa, amasse a mistura por 5 minutos, até que fique homogênea e elástica. Deixe descansar por 5 minutos.

Nesse meio-tempo, coloque o restante da manteiga entre dois pedaços de papel-manteiga e amasse com o punho para formar um disco de 17 cm.

Enfarinhe levemente sua superfície de trabalho e abra a massa em um disco de 20 cm. Coloque a manteiga no topo e acrescente o açúcar por cima dela. Dobre o terço inferior na direção do centro, como uma carta, e pressione com a ponta dos dedos para fechar. Dobre o terço superior, garantindo que a massa cubra a manteiga e o açúcar, e pressione para fechar. Junte os dois lados de modo que se encontrem no centro, mais uma vez garantindo que a manteiga fique presa ali, e pressione para fechar. Coloque em uma travessa e leve à geladeira por 15 minutos.

(continua)

Enfarinhe levemente sua superfície de trabalho mais uma vez. Abra a massa para formar um retângulo de 20 x 30 cm. Dobre em três como uma carta. Gire a massa em 45 graus, abra-a em um triângulo de cerca de 13 x 38 cm e dobre em três de novo, chegando a um quadrado de 13 cm. Faça os quatro cantos se encontrarem no centro, vire e esconda os cantos para formar uma bola. Leve à geladeira por 15 minutos.

Preaqueça o forno a 200°C.

Enfarinhe novamente sua superfície de trabalho. Abra a massa em um disco de 25 cm e transfira para a fôrma untada. Pincele o leite e, usando a ponta de uma faca afiada, faça um padrão xadrez diagonal no topo, com cortes superficiais. Asse até ficar dourado-escuro, o que deve levar de 30 a 40 minutos. Com uma colher, regue o topo da massa com parte da manteiga derretida que se acumula no fundo.

Deixe esfriar na fôrma por 15 minutos, então transfira com uma espátula para uma travessa. (Se o caramelo tiver endurecido, devolva ao forno por 5 minutos.) Sirva morna ou em temperatura ambiente. Fica mais gostosa no mesmo dia, mas as sobras podem ser reaquecidas por 5 minutos no forno a 200°C.

FIM DE TARDE
L'APÉRO

Parmi la foule des grands boulevards
Quelle joie inouïe
D'aller ainsi au hasard
—CHARLES TRENET

SE EU TIVESSE QUE NOMEAR UM ÚNICO COSTUME QUE resume o estilo de vida francês, de entrega aos prazeres, seria *l'apéro*, abreviação de *l'apéritif*.

À primeira vista, consiste apenas em drinques e petiscos compartilhados com amigos antes do jantar. Mas, na verdade, é um tempinho roubado da correria da vida moderna, com as pessoas se reunindo em um bar ou café para falar sobre o dia, discutir eventos mundiais e se descontrair. Sempre me anima ver o emaranhado de pernas compridas tentando se espremer sob as mesinhas na calçada, as taças suadas de vinho branco tinindo, os garçons cortando baguetes e *saucissons* rapidamente para atender os pedidos dos clientes.

Apesar de morar em espaços reduzidos, os parisienses são fortes anfitriões; nada fortalece uma relação como convidar alguém para ir à sua casa. A ideia de oferecer um aperitivo antes de sair para jantar é a maneira mais informal de fazê-lo, que não exige nenhum preparo em antecipação e funciona bem tanto com velhos amigos quanto com aqueles que ainda se está conhecendo. Drinques e petiscos são consumidos, e depois de uma ou duas horas o grupo passa para a próxima fase, feliz e revigorado pela conversa animada.

A comida deve ser simples, e não há problema em comprar pronta, desde que tenha sido escolhida com cuidado de um bom estabelecimento. O anfitrião bem preparado mantém *terrines* e patês à mão para essas ocasiões. Se quiser cozinhar, no entanto, as receitas a seguir são fáceis de comer de pé enquanto se segura uma taça de vinho ou um coquetel feito na hora.

~TERRINE~
de poulet à la pistache

TERRINE DE FRANGO E PISTACHE

SERVE DE 8 A 10

SEMPRE MANTENHO PATÊS NA DESPENSA PARA SERVIR QUANDO RECEBO convidados de último minuto no *apéritif*; assim, tudo o que preciso fazer é comprar uma baguete fresquinha na padaria da esquina. Mas, se tiver tempo, adoro preparar algumas *terrines* de carne. A maior parte das pessoas prefere adquiri-las prontas da *charcuterie*, então uma caseira nunca falha em impressionar. Amo esta receita de frango e pistache: é leve, fácil de preparar e muito saborosa.

Seguindo o exemplo do La Régalade, um popular gastrobistrô do 14º *arrondissement* em que os clientes são recebidos com uma *terrine* da casa que é passada de mesa em mesa, eu a sirvo inteira, com uma faca enfiada no meio, e fatias grossas de pão e pepino em conserva para acompanhar.

85 g de pão amanhecido, em cubos

2 colheres (sopa) de leite (de qualquer tipo)

2 colheres (sopa) de conhaque ou outro brandy (substitua pela mesma quantidade de leite, se preferir)

450 g de peito de frango sem osso e sem pele, resfriado e cortado em cubos de 1,25 cm

170 g de paleta de porco ou outro corte de churrasco, resfriado e cortado em cubos

1 ovo grande, resfriado

55 g de cebolas pequenas bem picadas

¼ de xícara (15 g) de estragão ou cebolinha grosseiramente picados

1 colher (chá) de sal marinho refinado

½ colher (chá) de tomilho seco

½ colher (chá) de alecrim seco bem picado

⅛ de colher (chá) de pimenta-do-reino moída na hora

⅛ de colher (chá) de noz-moscada ralada na hora

1 colher (chá) de manteiga sem sal

⅓ de xícara (45 g) de pistache cru

Faça a *terrine* 1 dia antes de servir. Em uma tigela, umedeça o pão com o leite e o conhaque. Leve à geladeira por 30 minutos.

Em um processador de alimentos, bata a mistura de pão com ⅓ do frango e do porco e 1 ovo. Evite processar demais, deixando pedaços. Transfira para uma tigela grande. Acrescente o restante do frango e do porco, as cebolas, o estragão, o sal, o tomilho, o alecrim, a pimenta-do-reino e a noz-moscada. Mexa bem. Coloque 1 colher (chá) da mistura e cozinhe em uma frigideira sem nada em fogo médio. Deixe esfriar, prove e ajuste o tempero.

Preaqueça o forno a 160°C. Use a manteiga para untar 720 ml de uma fôrma de cerâmica de cerca de 13 x 18 cm.

Pique 1 colher (sopa) de pistache e separe para a cobertura.

Coloque ⅓ da carne no fundo da fôrma e polvilhe com metade dos pistaches inteiros. Repita o processo com mais ⅓ de carne e o restante dos pistaches inteiros. Cubra com o restante da carne, alise a superfície e polvilhe com os pistaches picados reservados.

Ponha a fôrma (com a tampa ou com papel-alumínio em cima) em uma assadeira com água fervendo levemente. O banho-maria vai garantir o cozimento homogêneo. Leve ao forno e asse por 1h15. Remova a tampa ou o papel-alumínio e asse até estar dourado em cima e totalmente cozido, o que deve levar mais 15 minutos. Um termômetro culinário inserido no meio da *terrine* deve registrar 70°C.

Deixe esfriar completamente, cubra e leve à geladeira 24 horas antes de servir.

~BEUREKS~
arméniens

BURECA
ARMÊNIA

RENDE 24

O NONO *ARRONDISSEMENT* JÁ FOI LAR DE UMA COMUNIDADE ARMÊNIA pulsante depois que imigrantes que fugiram do genocídio em 1915 se estabeleceram ali. Eles estão mais espalhados agora, mas seu espírito permanece. O centro cultural armênio tem um restaurante escondido atrás de um pátio pavimentado em cima de uma escada em espiral, e o venerado mercado Heratchian Frères, fundado em 1925, é um baú do tesouro de iguarias do Oriente Médio. As paredes ficam repletas de sacos de grãos, enquanto condimentos e temperos se acumulam nas prateleiras altas, além de potes de queijo feta e bandejas enormes de burecas artesanais, triângulos bojudos de massa crocante com recheio de carne moída, espinafre, pastrami, queijo e ervas.

Gosto de fazer miniaturas para servir com drinques. Dá para comer em duas mordidas, sem necessidade de talheres e sem fazer sujeira. Elas são fáceis de montar, e o preparo pode ser dividido em três passos: fazer o recheio no dia anterior, assar as burecas algumas horas antes e aquecer antes de servir.

1 colher (sopa) de azeite, e mais um pouco para untar

½ cebola média, em cubos

450 g de espinafre fresco bem picado, ou 280 g de espinafre congelado em temperatura ambiente, espremido e grosseiramente picado

70 g de queijo feta, em cubos

40 g de pastrami em fatias finas, picado

Pimenta-do-reino moída na hora

12 folhas (de cerca de 35 x 45 cm) de massa filo congelada, em temperatura ambiente

4 colheres (sopa) (55 g) de manteiga sem sal, derretida

Mistura de ovo (1 gema grande levemente batida com 1 colher de chá de água)

· NOTAS ·

Burecas tradicionais são feitas de uma massa especial chamada *yufka*, mas a massa filo a substitui perfeitamente.

Elas podem ser assadas com algumas horas de antecedência. Reaqueça por 2 minutos no forno a 200°C.

Em uma frigideira grande, aqueça o azeite em fogo médio. Acrescente a cebola e frite por 2 a 3 minutos, mexendo com frequência, até amolecer. Adicione o espinafre fresco e refogue por 2 minutos, até murchar (não é preciso cozinhar o espinafre congelado). Deixe em um escorredor por 15 minutos.

Divida o espinafre em duas tigelas. Acrescente o feta em uma e o pastrami em outra. Polvilhe pimenta-do-reino em ambas. Prove e ajuste o tempero. (O recheio pode ser feito 1 dia antes. Cubra e leve à geladeira.)

Preaqueça o forno a 200°C. Unte uma assadeira com azeite.

Empilhe as 12 folhas de massa filo e dobre no meio, como um livro. Corte na dobra para obter 24 folhas, cada uma com 35 x 23 cm. Cubra com um pano de prato limpo e levemente úmido para evitar que ressequem.

Em uma tábua, coloque 1 folha de massa filo com o lado mais curto de frente para você e pincele manteiga levemente. Dobre em três a partir da lateral para chegar a um retângulo alto e estreito, com cerca de 35 x 7 cm. Pincele manteiga de novo.

Coloque 1 colher (sopa) de um dos recheios no fim do retângulo e dobre o canto inferior direito por cima dele. Dobre esse triângulo para cima, para a direita, para cima e então para a esquerda (como se faz para dobrar uma bandeira), subindo até o topo do retângulo. Leve à assadeira, com a emenda para baixo. Repita o processo com o restante da massa filo e do recheio.

Pincele a mistura de ovo por cima e asse por cerca de 12 minutos, até ficar dourado-escuro. Deixe esfriar por 10 a 15 minutos antes de servir.

~PISTOU~
de fanes de radis

PESTO
DE FOLHAS DE RABANETE

RENDE 1 XÍCARA (240 ML)

NA PRIMAVERA, AS BARRACAS DE FEIRA FICAM APINHADAS DE MAÇOS DE rabanetes brancos e rosa-escuros, doces e picantes, em pilhas altas e com as raízes finas fazendo com que pareçam ratinhos de desenho animado de costas. Os franceses gostam de comê-los crus no *apéritif*, com manteiga com sal e pão ou molho de iogurte e ervas.

Mas as folhas também são comestíveis. Assim que adquiro um maço, apresso-me a separar as folhas vibrantes das amareladas e lavá-las bem para tirar a terra. As folhas podem ser cozidas como quaisquer outras e dão uma boa sopa quando acrescento caldo de galinha e batatas; ou podem ser comidas cruas, como nesse pesto que honra a tradição parisiense de molhos de ervas. Costumo passá-lo em fatias finas de baguete para servir como aperitivo ou uso como molho do macarrão no jantar.

2 xícaras (70 g) de folhas de rabanete aparadas

30 g de queijo duro, como parmesão, ralado na hora

⅓ de xícara (50 g) de *pinoli*, amêndoa ou pistache

1 dente de alho picado

⅓ de xícara (80 ml) de azeite, e mais conforme necessário

½ colher (chá) de sal marinho refinado

Pimenta-do-reino moída na hora

Em um processador de alimentos ou liquidificador, junte as folhas de rabanete, o queijo, o *pinoli*, o alho, o azeite, o sal e a pimenta a gosto e processe em pulsos curtos até ficar homogêneo, sempre limpando as laterais do recipiente. Acrescente um pouco mais de azeite, se necessário, e pulse mais para chegar à consistência desejada: mais grossa para comer com pão e mais fina para o macarrão.

Prove, ajuste o tempero e guarde em um pote de vidro hermético. Use em até 3 ou 4 dias. A superfície vai escurecer com a oxidação, mas o gosto não será alterado. Regue com uma fina camada de azeite antes de guardar se a cor incomodar você.

~KIBBÉ~
de butternut aux épinards

QUIBE DE ABÓBORA COM ESPINAFRE

SERVE 6

QUANDO RECEBEMOS AMIGOS PARA TOMAR DRINQUES E OFERECEMOS alguma coisa mais substanciosa para comer, que possa substituir o jantar, falamos em *apéro dînatoire*. Uma das minhas opções preferidas no outono e no inverno é o quibe de abóbora-manteiga, especialidade libanesa feita com trigo para quibe e purê de abóbora bem temperados. Ele conta com o elemento surpresa de uma porção de espinafre cozido no meio, é assado até ficar crocante e servido com molho de tahine. Fica uma delícia e é uma maravilhosa variação no inverno, quando todo mundo já está enjoado de tanto comer abóbora.

Também fica ótimo com pão sírio e legumes crus no almoço. Para maior praticidade, em vez de moldar as unidades, faça quibe de travessa e sirva com uma salada verde como prato principal (ver Variação ao lado).

1 kg de abóbora-manteiga cortada em cubos de 2,5 cm

2 colheres (chá) de sal marinho refinado

1 xícara (200 g) de trigo para quibe

¼ de xícara (30 g) de farinha de trigo

1 colher (chá) de cominho em pó

1 colher (chá) de canela em pó

1 colher (sopa) de sumo de limão-siciliano espremido na hora

2 colheres (sopa) de azeite, e mais um pouco para untar

1 cebola pequena, em fatias finas

450 g de espinafre, em fatias finas, ou 280 g de espinafre congelado em temperatura ambiente, espremido e grosseiramente picado

½ xícara (50 g) de nozes picadas

PARA O MOLHO DE TAHINE

¼ de xícara (60 ml) de tahine

2 colheres (sopa) de sumo de limão-siciliano espremido na hora

1 colher (chá) de sal marinho refinado

Coloque a abóbora em uma panela grande e acrescente 1 colher (chá) de sal. Cubra com água e cozinhe em fogo baixo por 15 minutos, até amolecer. Deixe no escorredor por 15 minutos.

Transfira para uma tigela grande e amasse bem com o espremedor de batata ou com um garfo. Acrescente o trigo, a farinha, o cominho, a canela, o sumo de limão-siciliano, 1 colher (sopa) de azeite e ½ colher (chá) de sal. Cubra e deixe descansar por 1 hora. (Isso pode ser feito 1 dia antes, se mantido na geladeira.)

Em uma frigideira grande, aqueça a 1 colher (sopa) do azeite restante em fogo médio. Acrescente a cebola e cozinhe por cerca de 3 minutos, mexendo com frequência, até amolecer. Junte o espinafre e a ½ colher (chá) de sal restante e refogue até murchar. Deixe no escorredor por 15 minutos. Adicione as nozes. (Isso pode ser feito 1 dia antes, se coberto e mantido na geladeira.)

· **VARIAÇÃO** ·

Asse o quibe em uma travessa média de cerâmica ou vidro. Espalhe metade da mistura, cubra com o recheio de espinafre e acrescente com o restante da mistura. Faça um padrão xadrez inclinado no topo com um garfo e asse no forno a 200°C por 30 a 40 minutos, até ficar levemente dourado. Sirva com salada verde.

Preaqueça o forno a 200°C. Unte uma assadeira com azeite.

Com uma colher (sopa), pegue ¼ de xícara (60 ml) da mistura de abóbora e amasse em forma oval na palma da mão. Adicione 1 colher (sopa) de espinafre no meio e feche a massa em volta no formato clássico de quibe. Coloque na assadeira e repita o processo com o restante. Asse por 30 a 35 minutos, até ficar levemente dourado.

Enquanto isso, faça o molho de tahine. Em uma tigela, bata o tahine, o sumo de limão-siciliano e o sal com um garfo. Afine o molho com 3 a 4 colheres (sopa) de água, devagar, para que não coalhe. Prove e ajuste o tempero.

Deixe o quibe esfriar por 5 minutos e sirva com o molho à parte.

~PASCADE~

PANQUECA INFLADA NO FORNO

SERVE 4

PASCADE É UM CREPE SABOROSO DE AVEYRON, QUE FICA NO CENTRO DA França, tradicionalmente feito na Páscoa (*Pâques*, em francês), de onde veio seu nome. Originalmente, a receita foi pensada para aproveitar os ovos que não haviam sido consumidos durante a Quaresma. Se alguma vez um prato foi mais do que a soma de suas partes, é neste caso. A massa simples adquire uma textura impressionante quando assada, algo entre um crepe e um suflê, crocante por fora e reconfortantemente macia por dentro.

Ela é o destaque do restaurante de mesmo nome criado pelo chef estrelado pela Michelin Alexandre Bourdas. Ele usa o prato como pano de fundo para ressaltar os ingredientes da estação: folhas verdes levemente temperadas, lascas de queijo e cebolas em conserva por cima; rodelas finas de rabanete e nabo com *coulis* de ervas; alface com maçã verde e fatias finas de presunto cru.

A *pascade* cai perfeitamente no brunch, mas gosto dela ainda mais no fim de tarde, servida com espumante. Eu a corto em cunhas finas, polvilho cebolinha picada e sirvo diretamente na frigideira, para que os convidados possam pegar quanto quiserem.

3 ovos grandes

1 xícara (130 g) de farinha de trigo

¼ de colher (chá) de sal marinho refinado

1¼ xícara (300 ml) de leite integral

3 colheres (sopa) (40 g) de manteiga sem sal

Cebolinha fresca bem picada

Preaqueça o forno a 220°C.

Em uma tigela média, misture os ovos, a farinha e o sal. Incorpore o leite devagar, até que a massa fique homogênea. (Você também pode bater tudo no liquidificador por alguns segundos em velocidade média-alta.)

Coloque a manteiga em uma frigideira de ferro fundido de 25 cm e leve ao forno até que derreta, tomando o cuidado de não deixar queimar. Assim que derreter, tire a frigideira do forno e gire de leve para espalhar a manteiga. Despeje a massa devagar, então devolva a frigideira ao forno e asse por 20 a 25 minutos, até que esteja inflada e dourado-escura. (Ela vai murchar quando você tirar do forno.)

Com uma tesoura de cozinha, corte a massa em cunhas finas. Polvilhe cebolinha e sirva.

· **VARIAÇÕES** ·
Você pode incluir ervas bem picadas e/ou queijo ralado na massa.

WINE BARS, LOJAS ESPECIALIZADAS E VINHOS NATURAIS

O VINHO É A BEBIDA MAIS AMADA E ICÔNICA DA FRANÇA, MUITO MAIS que a cerveja e que qualquer destilado. É uma parte integral da refeição francesa e, dependendo de quão bem estocada seja sua adega, os restaurantes apresentam aos clientes uma seleção de uma página ou uma carta de vinhos que mais parece uma lista telefônica. Os parisienses amam relaxar em *bars à vin*, estabelecimentos casuais com uma atmosfera intimista, onde podem petiscar, mas também amam beber em casa as garrafas dos muitos *cavistes* (vendedores especializados) independentes, focados nos vinhos naturais que surgiram nos últimos anos.

O movimento do vinho natural foi iniciado pelos viticultores em reação à produção de uvas em massa e quimicamente manipuladas que tomava conta da França e do mundo. Sua ambição é retornar à essência do vinho como suco de uva fermentado — nada mais, nada menos —, deixando as uvas e o solo falarem por si próprios, intervindo o mínimo possível em sua expressão natural.

Os termos *vin naturel*, *vin nature* e *vin en biodynamie* não são regulamentados na França, então o único jeito de saber que é o caso, além de inspecionar as vinícolas, é confiar nos *cavistes* ou proprietários de restaurantes, que desenvolvem um relacionamento com os produtores que distribuem e devem estar muito familiarizados com tal filosofia.

Tim-tim! (Com sotaque francês.)

~MOULES GRATINÉES~
à l'ail et au persil

MARISCOS GRATINADOS
COM ALHO E SALSINHA

SERVE DE 4 A 6

OS MARISCOS SÃO TRADICIONALMENTE VENDIDOS POR VOLUME NA FRANÇA: diga ao peixeiro quantos litros você quer — um litro rende cerca de 700 g — e eles vão usar um medidor específico para separar essa quantidade da pilha de conchas pretas brilhando.

Adoro mariscos, tanto sua textura quanto o gostinho de sal, mas dá trabalho limpar quando em grandes quantidades, então os uso em receitas em que pouco basta, como esta versão gratinada que sirvo como aperitivo para acompanhar um vinho branco seco.

700 g de mariscos (cerca de 30 dos grandes)

3 colheres (sopa) (45 g) de manteiga sem sal, em temperatura ambiente

55 g de cebolas pequenas bem picadas

1 colher (chá) de sal marinho refinado

1 xícara (240 ml) de vinho branco seco ou caldo de peixe

3 colheres (sopa) de farelo de pão (ver Faça seu próprio farelo de pão, p. 18)

¼ de xícara (15 g) de salsinha fresca bem picada

1 dente de alho bem picado

½ limão-siciliano, para servir

Pão, para servir

Cubra os mariscos com água e esfregue para limpar. Coloque um escorredor grande sobre uma tigela. Examine cada marisco. Se a concha estiver quebrada ou lascada, descarte. Se estiver entreaberta, bata com a ponta do dedo; se o molusco não a fechar lentamente, descarte. Puxe os fios escuros com cuidado, mas também com firmeza, e descarte. Vá pondo os mariscos no escorredor. Lave de novo na água corrente. Escorra.

Em uma panela de fundo grosso, derreta 1 colher (chá) de manteiga em fogo médio-alto. Acrescente as cebolas e ½ colher (chá) de sal e refogue por cerca de 3 minutos, mexendo até amolecer. Adicione os mariscos e o vinho e cozinhe por 4 a 5 minutos, mexendo, até que as conchas se abram. Descarte aqueles que não abrirem.

Use um pegador ou uma escumadeira para retirar os mariscos. (Reserve o caldo para beber ou use em um ensopado de peixe. Os mariscos podem ser cozidos com até 8 horas de antecedência. Deixe esfriar, cubra e leve à geladeira.)

Em uma tigela, misture o que restou da manteiga, o farelo de pão, a salsinha, o alho e a ½ colher (chá) de sal restante. (Isso pode ser preparado até 1 dia antes. Cubra e leve à geladeira; deixe amolecer antes de usar.)

Preaqueça o forno a 250°C. Tire um lado da casca de cada marisco e solte um pouco a carne do outro. Disponha as conchas com os mariscos em uma assadeira. Divida a manteiga entre eles. Asse por cerca de 2 minutos, até ficar dourado e borbulhar.

Transfira para uma travessa. Esprema o sumo do limão-siciliano em cima e sirva com pão e palitos de dentes.

~CAMEMBERT~
au four, miel et cidre

CAMEMBERT AO FORNO
COM MEL E SIDRA

SERVE 4

É DIFÍCIL E CARO CONSEGUIR A *LICENCE IV*, QUE PERMITE QUE BARES franceses vendam apenas bebidas alcoólicas (sem comida); é muito mais fácil para um restaurante conseguir uma licença, a qual autoriza a venda de álcool no contexto de uma refeição. Em Paris, isso levou à criação de muitos *wine bars*, que servem pequenos pratos e petiscos para acompanhar o vinho.

Gosto muito do que eles oferecem, muitas vezes com espaço e equipamento mínimos, assim como de sua flexibilidade. É possível chegar cedo para beber uma taça acompanhada de azeitonas temperadas enquanto põe o papo em dia com um amigo e, se a conversa estiver tão boa quanto o vinho, estendê-lo até a noite, pedindo outros tira-gostos cada vez mais substanciosos.

Um desses pratos é o *camembert au four*, queijo assado que é levado até a mesa borbulhando e aromático, como um fondue por si só. Fiel às origens do verdadeiro camembert, gosto de temperá-lo com sidra ou um brandy da Normandia e um toque de mel.

· NOTA ·

O autêntico camembert é da Normandia, protegido por uma denominação de origem. É feito com leite cru, então não pode ser exportado para muitos países, mas outros queijos do mesmo tipo, feitos com leite pasteurizado, estão disponíveis.

220 a 250 g de queijo camembert (ver Nota)

1 colher (sopa) de sidra ou brandy de maçã, como o Calvados

2 colheres (chá) de mel

Baguete fresca, para servir

Tire o queijo da geladeira 1 hora antes de começar. Remova qualquer embalagem e ponha o queijo em uma tigela ou travessa refratária mais ou menos do mesmo tamanho dele, de modo que não fique apertado, tampouco sobre espaço.

Preaqueça o forno a 200°C.

Com uma faca afiada, faça cortes profundos em cima do camembert, num xadrez inclinado. Regue com a sidra e espalhe o mel no topo. Asse por 15 a 20 minutos, até derreter e dourar. Deixe descansar por 5 minutos antes de servir acompanhado de pão.

APÉRITIFS FRANCESES

UM APÉRITIF ANTES DO JANTAR DEVE ABRIR O APETITE, E É EXATAMENTE isso o que a palavra indica. Algumas bebidas são consideradas mais apropriadas para a tarefa: vinho branco, espumante, tintos leves e rosé no verão são escolhas certeiras, mas os drinques se tornam cada vez mais populares.

Quando quero variar um pouco, peço *apéritifs* tradicionais, como o *lillet* (branco, rosé ou tinto), uma mistura de vinhos bordeaux e licores cítricos, ou um *suze*, um bíter feito a partir da destilação da genciana. O *kir*, uma mistura de borgonha branco e licor de cassis, é considerado coisa do passado — o que talvez signifique que está na hora de trazê-lo de volta.

~CAKE~
aux olives et chèvre

PÃO DE AZEITONA E QUEIJO DE CABRA

SERVE 8

MINHA QUERIDA AMIGA AMERICANA EMILY É CASADA COM UM FRANCÊS chamado (como sempre) Bruno, e eles têm a sorte de morar em um apartamento com vista desimpedida para a torre Eiffel. Todo verão, no feriado que comemora a Queda da Bastilha, eles convidam os amigos que ficaram na cidade para um *apéritif* especial, com vista para a maravilhosa apresentação de fogos de artifício, que deixa os adultos impressionados e as crianças aos gritos.

Cada um contribui com um prato tipicamente francês. Eu faço minha receita de *cake salé*, um pão rápido e indispensável nos *apéritifs* e piqueniques. Fica crocante e molhadinho, e eu sirvo em cubos ou fatias.

O recheio de azeitona e queijo de cabra é um clássico, mas a mistura básica admite qualquer outra combinação. Atenha-se a dois ou três ingredientes, no entanto, como feta e ervas frescas, gruyère e presunto, cogumelos e bacon, peras, nozes e queijo azul, atum e endro.

- Manteiga sem sal, para untar
- 3 colheres (sopa) de gergelim branco
- 1¼ xícara (150 g) de farinha de trigo
- 1 colher (sopa) de fermento químico em pó
- 3 ovos grandes
- ¼ de xícara (60 ml) de azeite
- ½ xícara mais 2 colheres (sopa) (150 g) de iogurte natural integral
- 1 colher (sopa) de ervas secas, como ervas da Provença, ou 1 colher (sopa) de pesto
- ¼ de colher (chá) de sal marinho refinado
- ¼ de colher (chá) de pimenta-do-reino moída na hora
- 100 g de azeitonas verdes sem caroço
- 100 g de azeitonas pretas sem caroço
- 140 g de queijo de cabra fresco em forma de cilindro, cortado em cubos de 1,25 cm

· **NOTA** ·
Embrulhe bem este pão para congelar. Deixe uma noite na geladeira antes de consumir.

Preaqueça o forno a 175°C. Unte uma fôrma de pão de 24 x 12 cm com manteiga e espalhe metade do gergelim de forma homogênea no fundo e nas laterais.

Em uma tigela, junte a farinha e o fermento em pó. Em outra tigela média, misture os ovos, o azeite, o iogurte, as ervas, o sal e a pimenta. Inclua as azeitonas e o queijo de cabra. Acrescente a mistura seca à molhada. Não dissolva demais; tudo bem se restarem alguns grumos.

Despeje a massa na fôrma de pão, alise com uma espátula e polvilhe o restante de gergelim. Asse por 40 a 50 minutos, até dourar e um palito inserido no centro sair limpo.

Deixe esfriar por 5 a 10 minutos, então passe uma faca em volta da fôrma para soltar o pão. Desenforme e coloque sobre uma grade para esfriar. Corte em fatias ou cubos antes de servir, levemente aquecido ou em temperatura ambiente.

FIM DE TARDE

~GUÊPE VERTE~

VESPA VERDE

**SERVE 1
(PODE SER DOBRADO)**

SE FOR AO CANDELARIA, EM UMA RUAZINHA DO ALTO MARAIS, A PRINCÍPIO vai achar que sugeri que você fosse a uma *taquería*. É verdade, e, se você precisar de um lugar onde comer tacos em Paris, os desse lugar não vão decepcionar. Mas o que eu quero é que você vá até o fundo, empurre a porta sem placa e adentre o bar escondido ali, aconchegante e romântico, com detalhes em madeira e cobre, iluminação intimista e paredes de pedra. É um ponto importante do renascimento dos drinques, que teve início em Paris na segunda metade da primeira década do século XXI.

La guêpe verte (a vespa verde) é o drinque que conferiu fama ao Candelaria: uma mistura refrescante e condimentada com tequila, limão, coentro e pepino — parecido com um mojito, só que mais saboroso e com uma história melhor por trás.

3 a 4 cubos grandes de gelo

4 fatias de pepino (com cerca de 6 mm de espessura)

3 colheres (sopa) de folhas de coentro fresco

4 colheres (chá) (20 ml) de sumo de limão espremido na hora

4 colheres (chá) (20 ml) de xarope de agave

3½ colheres (sopa) (50 ml) de tequila prata 100% agave com infusão de pimenta (comprada ou feita em casa, ver à esquerda)

Coloque uma coqueteleira e um copo baixo na geladeira 1 hora antes de servir.

Na hora de fazer o drinque, ponha os cubos de gelo no copo passando apenas um pouco da borda. Coloque 3 fatias de pepino e o coentro na coqueteleira e, usando um socador, amasse e mexa, até que o cheiro de pepino e coentro suba. Acrescente o sumo de limão, o xarope de agave e a tequila. Preencha a coqueteleira com gelo e agite por 15 a 20 segundos, até esfriar. Coe no copo. Decore com o restante de pepino e sirva em 2 canudinhos curtos.

TEQUILA COM INFUSÃO DE PIMENTA

Você pode comprar a tequila com infusão de pimenta chili em boas lojas de bebidas ou fazê-la em casa. Coloque 1¼ xícara (300 ml) de tequila branca 100% agave (também conhecida como prata) em um pote de vidro com tampa. Adicione 3 pimentas dedo-de-moça pequenas, frescas ou secas, cortadas ao meio no sentido do comprimento (remova as sementes para que não fique tão picante) e deixe em infusão por 24 horas, agitando uma ou duas vezes. Coe e devolva ao pote de vidro; deve ser o bastante para 6 *guêpes vertes*.

~SOIXANTE-QUINZE~
COQUETEL 75

**SERVE 1
(PODE SER DOBRADO)**

PROCURANDO POR UM DRINQUE SIMPLES E FESTIVO PARA COMEMORAR UM aniversário ou feriado? O *coquetel 75* é a melhor opção. Uma mistura sutil de gim e champanhe com sumo de limão-siciliano fresco e um toque de açúcar, a bebida recebeu esse nome depois de um ataque de artilharia rápida que os franceses executaram na Primeira Guerra Mundial. Dizem que foi inventado no fim da guerra por Harry MacElhone, o bartender do Harry's New York Bar, perto da Ópera de Paris. Ao longo das décadas, o bar lendário serviu como refúgio para artistas americanos e celebridades internacionais.

Azedo e forte, o *soixante-quinze* é o coquetel que mais peço quando saio. E, se algum dia sobrar espumante — acontece com algumas pessoas —, é o drinque perfeito para usá-lo no dia seguinte.

45 ml de gim estilo London Dry ou conhaque

15 ml de sumo de limão-siciliano espremido na hora

1 colher (chá) de açúcar bem fino

60 a 90 ml de espumante branco e seco, resfriado

1 tira fina de casca de limão-siciliano

· NOTA ·
Se estiver recebendo muita gente, faça uma jarra de gim, sumo de limão-siciliano e açúcar com antecedência, ampliando a receita conforme necessário, e mantenha na geladeira. Para servir, despeje ¼ de xícara (60 ml) em cada copo e complete com espumante.

Coloque a coqueteleira e uma taça de espumante na geladeira 1 hora antes de servir.

Quando estiver pronto para fazer o drinque, encha a coqueteleira de gelo. Acrescente o gim, o sumo de limão-siciliano e o açúcar e agite por 15 a 20 segundos, até resfriar bem. Coe na taça e cubra com espumante. Enrole a tira de limão-siciliano em volta do dedo para criar uma espiral, coloque dentro do copo e sirva.

TÁBUAS DE QUEIJOS E EMBUTIDOS

QUANDO SE REUNIR COM OS AMIGOS EM UM *WINE BAR* E COMEÇAR A PENSAR em jantar por ali mesmo, é comum pedir com a bebida uma tábua de queijos e/ou embutidos (*une planche de fromage, de charcuterie* ou *une planche mixte*, com ambos).

Ela vem em uma tábua de madeira, com pedaços variados de queijos (feitos de leite de animais diferentes e com estilos de envelhecimento diversos) ou produtos derivados do porco (linguiça cortada fina, presunto, patês ou *terrines* de algum tipo), com pepinos em conserva (nunca é o bastante, então sempre peço mais) e uma cesta de pão fresco. A qualidade da oferta depende das aspirações culinárias dos proprietários, mas o nível médio é alto, e até o mais modesto *wine bar* é capaz de providenciar uma tábua satisfatória.

Também é algo que se recria facilmente em casa; um aperitivo atraente para receber os amigos no fim de tarde e que envolve pouco esforço.

~LE SIDECAR~

SIDECAR

SERVE 1

UM DOS MAIS FAMOSOS BARES DO MUNDO, O HEMINGWAY, FICA ESCONDIDO nas profundezas do hotel Ritz, e Colin Peter Field, seu bartender principal desde 1994, recebeu inúmeros prêmios internacionais por seu trabalho. Ele serve uma versão extravagante do *sidecar*, inventado nesse hotel em 1923, que usa uma marca específica de conhaque de antes da praga que destruiu os vinhedos da França nos anos 1880. Não é surpresa que se trate de um dos mais caros drinques que você vai encontrar no cardápio do bar.

Independentemente de marca, este é um ótimo drinque para se ter na manga. Sigo uma receita fácil sancionada por Orr Shtuhl, autor do espirituoso *Illustrated Guide to Cocktails*: uma mistura de 3½ partes de conhaque, 2 de Cointreau e 1 de sumo de limão-siciliano — a mesma proporção de bebida alcoólica, triple sec e sumo cítrico da margarita, do kamikaze e do cosmopolitan. Aprenda esta receita e fará amigos onde quer que esteja.

35 ml de conhaque

4 colheres (chá) (20 ml) de Cointreau

2 colheres (chá) (10 ml) de sumo de limão-siciliano espremido na hora

1 tira fina de casca de laranja

Coloque uma coqueteleira e uma taça de martíni na geladeira 1 hora antes de servir.

Quando estiver pronto para começar, encha a coqueteleira de gelo. Acrescente o conhaque, o Cointreau e o sumo de limão-siciliano e agite por 15 a 20 segundos, até resfriar bem. Coe na taça, acrescente a tira de laranja e sirva.

NOITE
LE SOIR

À Paris y a pas d'parking
Mais qu'elle est belle
La Tour Eiffel
—RIFF COHEN

NENHUMA SEMANA PASSA SEM QUE MINHA LISTA DE "restaurantes interessantes que tenho de experimentar" (esse é mesmo o nome da minha planilha) fique inúmeros itens mais longa. Não consigo acompanhar a cidade, ainda que sua atividade vibrante me energize.

Em Paris, a combinação única de aluguéis a preços razoáveis e reputação internacional de excelência gastronômica criou um campo fértil para a criatividade culinária. Jovens chefs muito viajados da França e do exterior se acomodam aqui, ocupando até o menor dos espaços com sua personalidade e seus sabores fortes.

Em ocasiões especiais, estabelecimentos mais refinados me atraem, onde todo prato é como um quadro, a atenção aos detalhes está em todas as partes e o serviço e a hospitalidade são elevados a uma forma de arte. Essas refeições parecem de outro tempo, uma bolha de felicidade compartilhada com alguém que se ama.

Os parisienses saem dessas experiências alimentares bem alimentados e inspirados. Muitas vezes, levam algumas ideias de pratos para sua própria cozinha para quando recebem convidados, o que adoram fazer, apesar dos apartamentos pequenos em que vivem. Não se trata de fingir ser um chef profissional, mas de pegar uma boa ideia — uma combinação, um método de preparo, um truque de empratamento — e utilizar, tornando-o seu e servindo com um dar de ombros muito francês que diz "Fiz muito esforço para lhe entregar isto" e "Mal suei" ao mesmo tempo.

As receitas a seguir são do tipo que impressionam sem exigir muito trabalho e ainda vão lhe ensinar valiosas técnicas culinárias no processo.

~CŒURS DE ROMAINE~
aux poires et au bleu

CORAÇÃO DE ALFACE-ROMANA COM PERA E QUEIJO AZUL

SERVE 4

UM DOS TRAÇOS QUE TORNAM A CENA GASTRONÔMICA PARISIENSE TÃO especial é o fato de que não é tão difícil entrar nela: ainda é possível para jovens chefs franceses encontrarem espaços acessíveis, sem necessidade de investidores, o que contribui muito para preservar a espontaneidade e a criatividade.

Sou fã do Comptoir Canailles, um pequeno bistrô administrado por um casal próximo dos trinta anos que serve pratos inspirados com base nos ingredientes disponíveis no momento. A comida deles é do tipo simples mas muito bem-feita, que obriga a fazer anotações furiosamente no caderninho para tentar lembrar alguma ideia ou combinação que eu possa levar para casa.

Esta foi a primeira entrada que comi lá: folhas de alface-romana com molho cremoso de queijo azul — o chef usa bleu d'Auvergne — com nozes quebradas e lascas de pera. É uma salada tipicamente francesa, corajosa e certeira.

3 colheres (sopa) (45 ml) de creme de leite fresco

100 g de queijo azul, como roquefort ou bleu d'Auvergne

¼ de xícara (60 ml) de Vinagrete de bistrô (p. 54)

1 pé grande de alface-romana (280 g), sem as folhas externas, fatiado no sentido do comprimento em 8 cunhas, mantendo o miolo para não perder a forma

Pimenta-do-reino moída na hora

1 pera média, sem o miolo e cortada em fatias verticais finas

½ xícara (50 g) de nozes levemente torradas

Pão, para servir

Prepare o molho 2 horas ou até 1 dia antes de servir.

Em uma panela pequena, misture o creme de leite fresco e metade do queijo. Cozinhe em fogo baixo, mexendo para incorporar o queijo. Transfira para uma tigela, cubra e leve à geladeira. Tire 1 hora antes de servir.

Quando for comer, misture o vinagrete à tigela de queijo cremoso. Vai ficar grosso.

Coloque 2 cunhas de alface em cada prato. Regue com o molho de queijo e polvilhe pimenta. Quebre o restante do queijo por cima dos corações de alface. Disponha as fatias de pera por cima e em volta das folhas e espalhe as nozes. Sirva com pão.

~SOUPE~
de courge rôtie, quenelle de fromage frais au curry

SOPA DE ABÓBORA ASSADA COM QUENELLE DE CURRY DE QUEIJO

SERVE 4

NA FRANÇA, JOVENS PROFISSIONAIS FAZEM SEU TREINAMENTO EM *ÉCOLES hôtelières*, escolas que ensinam as regras do atendimento apropriado em restaurantes. O serviço à mesa — quando um garçom finaliza um prato na sua frente com movimentos ensaiados — é muito valorizado.

As sopas podem receber esse tratamento especial. O garçom traz primeiro um prato que contém, curiosamente, uma pequena variedade de legumes ou uma *quenelle* (colher pontiaguda) de algo cremoso. Segundos depois, ele retorna com uma espécie de jarra e despeja a sopa no prato, de modo que você possa aproveitar o visual e o aroma, testemunhando o momento em que o líquido aveludado faz a guarnição submergir.

Para esta sopa de abóbora assada, que faço com frequência no outono e no inverno, tempero queijo de cabra com curry e distribuo entre as tigelas antes de servir a sopa, dando um toque sofisticado a ela, ainda que simples.

3 colheres (sopa) de azeite, mais para untar a assadeira

900 g de abóbora firme, sem casca e cortada em cunhas ou pedaços de 5 cm

Sal marinho refinado

Até 4 xícaras (1 litro) de caldo de galinha ou legumes, aquecido

150 g de queijo de cabra fresco

2 colheres (chá) de sumo de limão-siciliano espremido na hora

¼ de xícara (15 g) de salsinha fresca bem picada

½ colher (chá) de curry em pó

Croûtons rápidos (p. 62)

Pimenta-do-reino moída na hora

Preaqueça o forno a 200°C. Unte uma assadeira com azeite.

Distribua a abóbora na assadeira e regue com 2 colheres (sopa) de azeite e ½ colher (chá) de sal. Asse por 30 a 40 minutos, até cozinhar bem e ficar macia.

Em um liquidificador, junte a abóbora a 3 xícaras (720 ml) de caldo e processe até ficar homogêneo e em uma consistência que permita despejar, acrescentando mais caldo, se preciso. Prove e ajuste o tempero. (Isso pode ser feito 1 dia antes. Cubra, leve à geladeira e reaqueça antes de servir.)

Em uma tigela, use um garfo para amassar o queijo de cabra, a colher (sopa) de azeite restante, o sumo de limão-siciliano, a salsinha e o curry. (Isso pode ser feito 1 dia antes. Cubra e leve à geladeira.)

Transfira a sopa quente para uma jarra.

Usando duas colheres de sopa, molde o queijo em 4 *quenelles* e coloque cada uma no centro de uma tigela de servir ou um prato de sopa. Jogue alguns *croûtons* por cima e polvilhe pimenta-do-reino. Leve as tigelas à mesa e despeje a sopa por cima, sem desfazer a *quenelle*. Sirva com mais *croûtons*.

~SOUPE~
de riz au gingembre

SOPA COM ARROZ E GENGIBRE

SERVE 6

PARIS NÃO TEM UM NEM DOIS, MAS TRÊS REDUTOS CHINESES. O MAIOR fica no Marais, nas redondezas da Rue Volta. Depois vem Belleville, onde imigrantes asiáticos passaram a ocupar o espaço da comunidade norte-africana. Finalmente, há o Quartier Chinois, no 13º *arrondissement*, no canto sudeste da cidade, o maior bairro chinês da Europa, fundado nos anos 1970 por refugiados do Vietnã, de Laos e do Camboja. Um grande número de chineses veio depois, e juntos eles comandam a maior parte dos negócios da área.

Não é o mais pitoresco dos bairros chineses, com seus prédios residenciais altos e um shopping antigo, mas as calçadas largas e a atmosfera de cidade pequena garantem um bom passeio. Quando estou indisposta, compro os ingredientes para fazer essa sopa com arroz e gengibre, um remédio tradicional para curar a gripe entre as famílias chinesas e vietnamitas; reservo a parte das costas que sobra do Frango aberto ao limão-siciliano (p. 197) para isso.

½ xícara (90 g) de arroz de grão longo

¼ de xícara (45 g) de arroz oriental

1 colher (sopa) de óleo neutro (canola ou girassol)

1 pedaço de 2,5 cm de gengibre fresco, sem casca e bem picado

2 dentes de alho bem picados

2 cebolinhas com bulbo, em fatias finas

Sal marinho refinado

1 xícara (25 g) de fatias de cogumelos secos, de preferência shitake

170 a 340 g de frango (sobrecoxa, coxa, peito ou costas)

¼ de xícara (60 ml) de molho de peixe

Coentro fresco grosseiramente picado, para servir

Pimenta dedo-de-moça em fatias finas, para servir (opcional)

1 limão cortado em cunhas, para servir

· **NOTA** ·
O arroz oriental pode ser encontrado em mercados especializados em produtos orientais. Também é conhecido como arroz glutinoso.

· **VARIAÇÃO** ·
Você pode fazer esta sopa com carne bovina ou suína, em fatias ou moída; reduza o tempo de cozimento da carne para 20 minutos.

Lave o arroz em uma peneira fina por alguns segundos para remover as impurezas, mas não a fécula.

Em uma panela de fundo grosso, aqueça o óleo em fogo médio. Acrescente o gengibre, o alho, a cebolinha e ¾ de colher (chá) de sal. Refogue por cerca de 2 minutos, até ganhar cor. Adicione o arroz e cozinhe por mais 4 minutos, até ficar ligeiramente tostado. Inclua o shitake, o frango e 4 xícaras (960 ml) de água. Mantenha em fogo baixo por cerca de 20 minutos, até o arroz cozinhar. Acrescente mais 4 xícaras (960 ml) de água e cozinhe por mais 40 minutos, até a carne do frango soltar dos ossos.

Tire o frango da panela e descarte os ossos e a pele. Desfie a carne grosseiramente com um garfo e devolva à panela. Acrescente o molho de peixe e um pouco mais de água, conforme necessário, para dar uma consistência de caldo. Prove e ajuste o tempero.

Sirva em tigelas e cubra com o coentro e a pimenta dedo-de-moça, se desejar. Sirva com cunhas de limão para espremer por cima.

~CHOU-FLEUR~
en brioche

BRIOCHE DE COUVE-FLOR

SERVE 8 COMO ENTRADA

· NOTAS ·

No Plaza Athénée, a cunha de couve-flor é generosamente coberta por lâminas de trufa branca, que fica divino, é claro.

O molho de couve-flor assada por si só já rende uma sopa deliciosa. Engrosse com uma xícara extra de água ou caldo e sirva com *Croûtons* rápidos (p. 62) e ervas.

QUANDO O HOTEL DE LUXO PLAZA ATHÉNÉE REABRIU SUAS PORTAS APÓS uma reforma, houve muita falação sobre seu restaurante ter se tornado piscitariano. Oi? Nada de carne bovina? Nem mesmo um franguinho? Isso mesmo. O cardápio focava principalmente em vegetais da estação, grãos orgânicos e peixes e frutos do mar de fontes sustentáveis, tudo sob o olhar cuidadoso do *restaurateur* francês Alain Ducasse e do chef-executivo Romain Meder, que pretendiam iniciar uma discussão sobre fornecimento e sustentabilidade em uma esfera bastante conservadora.

Entre os pratos mais memoráveis que comi lá estava a *chou-fleur en fine croûte*, uma cabeça de couve-flor assada em massa de brioche. O garçom levava o pão inteiro até a mesa em um carrinho e cortava o domo brilhante com reverência, transferindo as fatias para os pratos. O brioche amanteigado, a couve-flor suculenta e a feliz surpresa do queijo comté derretendo entre os floretes se uniam em um glorioso prato vegetariano que facilmente seria o protagonista em um jantar especial ou festivo.

Não se deixe intimidar pela divisão da receita em quatro partes; ela não é difícil, e muitos dos passos podem ser realizados 1 dia antes.

Brioche matinal (p. 26)

PARA O MOLHO

600 g de couve-flor (cerca de ½ cabeça) cortada em floretes de 2,5 cm

1 cebola média picada

2 colheres (sopa) de azeite

½ colher (chá) de sal marinho refinado

140 g de queijo comté ou similar, em cubos

2 xícaras (480 ml) de caldo de galinha ou legumes

PARA A COUVE-FLOR

1 cabeça grande de couve-flor (cerca de 1,2 kg), sem folhas e aparada para ficar de pé

100 g de queijo comté ou similar, cortado em palitos de 2,5 cm

Mistura de ovo (1 ovo grande levemente batido com uma pitada de sal e 2 colheres de chá de água)

Flor de sal

Pimenta-do-reino moída na hora

Estragão, para servir

1 dia antes de servir, prepare a massa de brioche até o momento em que é pedido que a mantenha na geladeira durante a noite.

FAÇA O MOLHO ATÉ UM 1 DIA ANTES DE SERVIR: Preaqueça o forno a 200°C.

Coloque os floretes de couve-flor e a cebola em uma assadeira. Acrescente o azeite e o sal e sacuda a assadeira para cobrir. Asse por 20 a 25 minutos, até a couve-flor ficar caramelizada nas bordas.

(continua)

Adicione os cubos de comté e asse por mais 5 a 10 minutos, até que ele fique dourado. Transfira para um liquidificador, incluindo as partes caramelizadas. Acrescente o caldo e processe até ficar homogêneo. (Se estiver fazendo 1 dia antes, deixe esfriar, cubra e leve à geladeira.)

PREPARE A COUVE-FLOR: Em um cesto de cozinhar no vapor, cozinhe a cabeça de couve-flor por cerca de 20 minutos, até que esteja *al dente*. Deixe esfriar completamente. (Você pode fazer isso 1 dia antes. Deixe esfriar, cubra e leve à geladeira.)

Quando estiver pronto para começar, forre uma assadeira com papel-manteiga.

Insira os palitos de queijo entre os floretes da cabeça de couve-flor em temperatura ambiente.

Tire a massa de brioche da geladeira. Divida ao meio. (Você só vai usar meia receita. O restante pode ser congelado; ver Notas, p. 26.)

Em uma superfície levemente enfarinhada, abra a massa em um disco grande o bastante para envolver a cabeça de couve-flor. Tire o excesso de farinha. Ponha a couve-flor de cabeça para baixo no meio do disco e dobre a massa por cima. Transfira para a assadeira, com a emenda para baixo. Pincele o topo e as laterais com a mistura de ovo (guarde o que sobrar na geladeira) e deixe descansar em temperatura ambiente por 1 hora.

Preaqueça o forno a 175°C.

Pincele o brioche de novo com o restante da mistura de ovo e asse por 20 a 25 minutos, até ficar dourado-escuro e fofo.

Reaqueça o molho de couve-flor.

Leve o brioche à mesa e corte em cunhas com uma faca de serra. Coloque um pouco de molho em cada prato, cubra com uma fatia do brioche e polvilhe flor de sal, pimenta-do-reino e estragão rasgado antes de servir.

BISTRÔ, BRASSERIE, RESTAURANTE, CAFÉ

OS RESTAURANTES DE PARIS PASSARAM POR MUITAS TRANSFORMAÇÕES desde o seu nascimento no século XVIII (ver p. 10), conforme diferentes estilos brotaram e se ramificaram ao longo das décadas.

Le restaurant é o termo genérico para qualquer negócio em que refeições são servidas em troca de pagamento, do mais simples, de bairro, ao mais refinado na escala gastronômica.

Un bistro (ou *bistrot*) é um restaurante pequeno, despretensioso e independente, com um cardápio reduzido de pratos feitos com ingredientes frescos. O bistrô médio tem ambições gastronômicas moderadas; gastro-bistrôs são mais focados em chefs e têm padrões elevados.

Une brasserie costumava ser um restaurante que oferecia cerveja — o termo significa literalmente "cervejaria" — e comida mais forte, com frequência de inspiração alsaciana. Hoje a palavra é usada para descrever restaurantes mais tradicionais, maiores e mais impessoais que os bistrôs, e que oferecem um cardápio mais variado de pratos clássicos o dia todo.

Un café é um lugar onde se bebe algo, sentado à mesa ou no bar. A maioria tem *croissants* de manhã e um cardápio básico de almoço, com saladas, quiches, *croques-madame* e um *plat du jour*...

~POULET~
en crapaudine au citron

FRANGO
ABERTO AO LIMÃO-SICILIANO

SERVE 4

EU AINDA NÃO TINHA NASCIDO QUANDO O MERCADO CENTRAL FOI TIRADO do coração de Paris, em meados dos anos 1970, os pavilhões de vidro e ferro de Les Halles foram derrubados, e o novo mercado — hoje o maior da Europa — foi realocado do lado de fora da cidade, em Rungis. Mas cresci com as vívidas descrições de Émile Zola em *O ventre de Paris*, as histórias pitorescas que minha avó contava e o prédio sem nenhum glamour construído no lugar do antigo mercado. Agora a vizinhança está virando outra página, apresenta um jardim com um novo projeto de paisagismo e restaurantes novos em folha.

O principal deles é o Champeaux, uma *brasserie* contemporânea que revive clássicos amados como suflê, sopa de cebola e *croque-monsieur*. A cozinha oferece um frango assado excepcional, que é servido aberto (para que cozinhe por igual), marinado em sumo de limão-siciliano e azeite, tostado até ficar dourado-escuro e irresistivelmente aromático. É uma técnica inovadora que produz uma carne de lamber os dedos com esforço mínimo, digna de companhia. Sirva com uma salada de rúcula com Vinagrete de bistrô (p. 54) e purê de batata.

1 frango inteiro (cerca de 1,6 kg)

1 colher (sopa) de sal marinho refinado

½ xícara (120 ml) de sumo de limão-siciliano espremido na hora (cerca de 3 limões)

2 colheres (sopa) de azeite

· **VARIAÇÃO** ·
Acrescente 2 a 3 metades de limão-siciliano e asse com o frango.

Comece a trabalhar pelo menos 4h30 antes de servir. Coloque o frango à sua frente em uma tábua, com o peito para baixo e as coxas voltadas para você. Com uma tesoura de destrinchar, corte do lado direito da espinha dorsal, do rabo ao pescoço. Gire o frango e repita o processo do outro lado da coluna. (Se você for canhoto, faça o contrário.) Guarde essa parte para um caldo de galinha ou para a Sopa com arroz e gengibre (p. 189).

Vire o peito do frango para cima e pressione o osso para baixo com firmeza usando as mãos, até que a ave esteja chapada contra a tábua, como uma borboleta. (Você vai ouvir o osso quebrar; não se assuste.) Esfregue o sal em ambos os lados e ponha o frango em uma travessa de cerâmica ou vidro grande o bastante para acomodá-lo. Acrescente o sumo de limão-siciliano e o azeite e vire diversas vezes para cobrir, deixando o peito para baixo ao final. Cubra com filme e leve à geladeira. Deixe marinar por pelo menos 3 horas ou a noite inteira, virando o frango mais algumas vezes.

Preaqueça o forno a 220°C.

Tire o frango da travessa, separe a marinada em uma tigela e devolva a ave à travessa. Asse por 45 minutos. A cada 10, regue com 3 colheres (sopa) da marinada reservada e com o suco do cozimento. O frango vai estar pronto quando parecer dourado-escuro e um termômetro culinário inserido na carne das coxas registrar 75°C.

Transfira para uma tábua e destrinche em 8 pedaços. Regue com os sucos da travessa e sirva.

~COUSCOUS~
tfaya au poulet

CUSCUZ
COM *TFAYA* E FRANGO

SERVE DE 4 A 6

QUANDO ENTREVISTAM OS FRANCESES ANUALMENTE SOBRE SEUS PRATOS favoritos — sim, isso acontece —, o cuscuz sempre fica entre os cinco primeiros, um testemunho de nossa profunda relação com os países do Magrebe: Marrocos, Tunísia e Argélia foram colônias francesas até os anos 1950 e 1960.

Deixando de lado — só por um momento — o histórico de opressão colonial, as trocas culturais foram ricas e numerosas durante os séculos, e a cena gastronômica francesa se beneficiou disso. Muitas especialidades do Norte da África parecem tão familiares quanto as francesas no imaginário nacional, e, se você for convidado para comer na casa de um parisiense, é mais provável que coma tagine do que *blanquette*. Parte do apelo é o delicado equilíbrio entre o doce e o salgado, exemplificado neste cuscuz marroquino. *Tfaya* é o nome da mistura à base de cebolas caramelizadas e uvas-passas que complementa este ensopado de frango muito saboroso, servido com cuscuz, ervas e amêndoas torradas.

É uma opção animada e interativa para quando se recebe bastante gente. O *tfaya* e o frango podem ser preparados 1 dia antes, de modo que só seja necessário esquentar, fazer o cuscuz, montar o prato em uma travessa e deixar tigelas à mesa para servir.

COMO FAZER CUSCUZ

O cuscuz é tradicionalmente feito em uma cuscuzeira, que cozinha a carne na parte inferior e os grãos de cuscuz na parte superior. Não tenho uma, então faço o cozimento separadamente.

Comece 10 minutos antes de servir. Para 4 a 6 porções, coloque 1¾ xícara (280 g) de cuscuz cru em uma tigela ou travessa refratária. Acrescente 1 colher (chá) de sal marinho refinado e 1¼ xícara (300 ml) de água fervente. Mexa com cuidado para se certificar de que os grãos estão todos em contato com a água. Tampe e aguarde 5 minutos, até que a água seja completamente absorvida. Acrescente 2 colheres de sopa (30 g) de manteiga em cubos e desfaça o cuscuz com um garfo ao mesmo tempo que a incorpora. Sirva imediatamente.

PARA O *TFAYA*

¾ de xícara (100 g) de uvas-passas

2 cebolas médias bem picadas

1 colher (sopa) de azeite

1 colher (chá) de canela em pó

¼ de colher (chá) de sal marinho refinado

1 colher (sopa) de açúcar demerara

1 colher (sopa) (15 g) de manteiga sem sal

1 colher (sopa) de água de flor de laranjeira

PARA O FRANGO

1 colher (sopa) de azeite

1 frango inteiro cortado em 8 pedaços, ou 8 pedaços de coxa e sobrecoxa (1,5 kg no total)

1 cebola média, em fatias finas

2 abobrinhas médias (cerca de 450 g no total), cortadas ao meio no sentido do comprimento e na transversal em pedaços de 2,5 cm

¼ de xícara (60 ml) de extrato de tomate

1 canela em pau

1 colher (chá) de sal marinho refinado

PARA SERVIR

1¾ xícara (280 g) de cuscuz cozido (ver Como fazer cuscuz, à esquerda)

½ xícara (70 g) de amêndoas torradas e grosseiramente picadas

½ xícara (30 g) de salsinha fresca e grosseiramente picada

Harissa

(continua)

PREPARE O *TFAYA* ATÉ 1 DIA ANTES DE SERVIR: Em uma tigela, mergulhe as uvas-passas em água fervente por 10 minutos. Escorra.

Em uma panela grande, misture a cebola, o azeite, a canela em pó, o sal e ⅔ de xícara (160 ml) de água. Leve a uma fervura lenta em fogo médio por 5 minutos, até que a água evapore e a cebola amoleça, mexendo com frequência. Acrescente a uva-passa, o açúcar, a manteiga e a água de flor de laranjeira e cozinhe por cerca de 3 minutos, mexendo sempre, até caramelizar. (Se fizer 1 dia antes, deixe esfriar, cubra e leve à geladeira. Reaqueça antes de servir.)

COZINHE O FRANGO ATÉ 1 DIA ANTES DE SERVIR: Em uma panela de fundo grosso, aqueça o azeite em fogo médio. Trabalhando em levas, se necessário, acrescente o frango em uma única camada e cozinhe por cerca de 10 minutos, até dourar dos dois lados, virando na metade do tempo. Quando tiver dourado todos os pedaços, devolva todo o frango à panela. Acrescente a cebola, as abobrinhas, o extrato de tomate, a canela em pau e o sal. Adicione 2 xícaras (480 ml) de água, tampe e deixe em fervura lenta por cerca de 1 hora, até que o frango esteja cozido e bem macio. Deixe esfriar, cubra e leve à geladeira. O sabor apura durante a noite. Reaqueça antes de servir.

PARA SERVIR: Disponha o cuscuz cozido em domo em uma travessa larga. Forme um buraco no topo. Tire o frango e os legumes do caldo com uma escumadeira e coloque-os acima do cuscuz. Polvilhe amêndoa torrada e salsinha. Em tigelas separadas, disponibilize o *tfaya*, o que restar do caldo e *harissa* para que os convidados se sirvam à vontade.

~MAGRET~
de canard en croûte d'épices

MAGRET COM CROSTA DE ESPECIARIAS

SERVE 4

PEÇA MAGRET – PEITO DE PATO ENGORDADO – EM UM AÇOUGUE FRANCÊS e o *garçon-boucher* vai tirar o excesso de gordura e embalar a carne com papel e barbante como se fosse um presente. Então ele vai olhar você de cima a baixo para aferir suas habilidades na cozinha e em seguida lhe dar uma aula improvisada entre os frangos e pés de porco pendurados. Você sairá de lá com o tempo e a temperatura de cozimento; anote ou repita mentalmente no caminho de volta.

Sempre se recomenda batata como acompanhamento, independentemente do preparo, e o uso do mínimo de tempero — os açougueiros querem que sua carne tenha espaço para brilhar. Nunca digo a eles que meu modo favorito de assar magret é esfregar nele uma mistura de especiarias que cria a mais deliciosa crosta.

Talvez vocês vejam a lavanda listada na receita e pensem: "Eca! Vai ficar com gosto de sabonete!". Prometo um sabor delicado e equilibrado, evocando os mercados do sul da França. Sirva com Batatas Anna na manteiga dourada (p. 228), como o açougueiro mandou.

· NOTA ·
Se for difícil encontrar carne de pato tratado dignamente e de qualidade, ou for cara demais, substitua por frango ou cordeiro.

2 magrets (cerca de 370 g cada)

1 colher (sopa) de lavanda comestível

2 colheres (chá) de semente de coentro

2 colheres (chá) de cominho em grãos

1 colher (chá) de sal marinho refinado

1 colher (chá) de raspas finas de limão-siciliano

Flor de sal e pimenta-do-reino moída na hora

Comece pelo menos 2h30 antes de servir. Com uma faca, faça um padrão xadrez na pele do magret sem perfurá-la por completo.

Em um moedor de temperos ou com um pilão, amasse bem a lavanda, o coentro, o cominho e o sal. Inclua as raspas de limão-siciliano. Esfregue tudo no magret. Embrulhe e leve à geladeira por pelo menos 2 horas ou a noite inteira. Tire da geladeira e desembrulhe 30 minutos antes de cozinhar.

Preaqueça o forno a 220°C. Coloque uma panela grande de ferro fundido em fogo médio-alto. Disponha o magret com a pele para baixo e cozinhe por cerca de 10 minutos, até a pele dourar e ficar crocante. Vire os magrets e regue com os sucos do cozimento. Transfira a panela para o forno e asse por 15 minutos. Um termômetro culinário inserido na parte mais grossa da carne deve registrar 57°C, para carne ao ponto para malpassada (rosada no meio), que é como eu gosto. A recomendação oficial em termos de segurança é 75°C, que é bastante bem passada.

Transfira a carne para uma tábua, de preferência com uma reentrância na borda, para que o suco não escorra. Cubra com papel-alumínio e deixe descansar por 5 a 10 minutos.

Corte em fatias diagonais com 1,25 cm de espessura. Transfira para uma travessa aquecida. Regue com os sucos do cozimento, polvilhe flor de sal e pimenta-do-reino e sirva.

BŒUF EN CROÛTE

~BŒUF~
en croûte

SERVE 6

UM DOS MEUS AÇOUGUES PREFERIDOS DE PARIS FICA NO MERCADO DE orgânicos Batignolles, onde produtores de todas as fazendas próximas se reúnem nas manhãs de sábado. Uma matrona, acompanhada de sua filha adolescente e de um aprendiz cheio de espinhas, vende a carne dos animais que ela mesma cria e talha, e sempre tem o corte de que preciso. Se vou fazer um assado, o jovem empregado embala a peça de carne meticulosamente enquanto discutimos os detalhes do *bœuf en croûte* que planejo servir.

Para este prato, o ideal é usar uma peça de carne inteira, sem osso e com formato relativamente regular — assim tudo cozinhará por igual. O exemplo mais fácil — e clássico, claro — é o filé-mignon, mas coração de alcatra também pode funcionar bem.

Esse *beef wellington* francês vai fazê-lo corar de orgulho, ainda que não seja difícil de fazer. Doure a carne, cozinhe os cogumelos, embale tudo em massa folhada e leve ao forno… de onde sairá um *bœuf en croûte* lindamente dourado para ser fatiado à mesa, arrancando "ohs" e "ahs" dos convidados. Ou, se eles forem franceses, "ohlala" e "uahhh".

· **VARIAÇÃO** ·
Para fazer porções individuais, fatie a peça assada em 6 filés grossos, divida a massa em 6 e monte 6 pacotinhos. Leve ao forno por 20 a 25 minutos.

2 colheres (sopa) de azeite

800 g de carne bovina em peça, amarrada com barbante e seca com papel-toalha

1 colher (chá) de sal marinho refinado

300 g de cogumelos marrons, como cogumelo-de-paris, bem picados

1 colher (sopa) de sumo de limão-siciliano espremido na hora

¼ de xícara (15 g) de salsinha fresca picada

Massa folhada simples (p. 105) ou 340 g de massa folhada comprada pronta

Mistura de ovo: 1 ovo grande levemente batido com 1 colher (chá) de água

Comece pelo menos 3 horas (e até 10) antes de servir. Em uma frigideira de fundo grosso, aqueça 1 colher (sopa) de azeite em fogo médio. Doure a carne dos dois lados, por cerca de 15 minutos, virando algumas vezes. Tempere com ½ colher (chá) de sal. Leve a uma grade para esfriar completamente; descarte o barbante.

Acrescente a colher (sopa) de azeite restante à frigideira e leve ao fogo médio-alto. Adicione os cogumelos, o sumo de limão-siciliano e a ½ colher (chá) de sal restante. Raspe o que tiver grudado no fundo da frigideira e deixe cozinhar por 10 minutos, até que os cogumelos estejam macios e o líquido tenha evaporado. Tire do fogo, acrescente a salsinha, prove e ajuste o tempero. Deixe esfriar totalmente.

Forre uma assadeira com papel-manteiga.

(continua)

Reserve 40 g da massa folhada na geladeira. Em uma superfície levemente enfarinhada, abra o restante em um retângulo ou em uma forma ovalada com 5 cm de sobra de cada lado em relação ao tamanho da peça de carne e cerca de 3,5 vezes mais largo. Espalhe metade dos cogumelos no centro da massa, reproduzindo a forma da peça, e pincele um pouco da mistura de ovo no restante.

Coloque a carne sobre os cogumelos, cubra com o restante deles e enrole a massa nela, pressionando para fechar. Leve à assadeira, deixando a emenda para baixo. Pincele com a mistura de ovo.

Abra a massa folhada reservada. Com uma faca afiada ou cortadores de biscoito, crie formas decorativas para dispor sobre o *bœuf*, cobrindo emendas se necessário. Faço folhas ovaladas no meu, traçando os veios com o lado cego da faca. Pincele o restante da mistura de ovo. Leve à geladeira por pelo menos 1 hora e no máximo 8.

Tire da geladeira e preaqueça o forno a 250°C.

Asse por 25 a 30 minutos, até ficar dourado-escuro. Transfira para uma tábua e deixe descansar por 10 minutos. Fatie com uma faca de serra e sirva.

~POT-AU-FEU~
de cochon aux épices

POT-AU-FEU DE PORCO COM ESPECIARIAS

SERVE 6

CHRISTOPHE BEAUFRONT, UM DOS CHEFS RESPONSÁVEIS PELA ONDA INICIAL da *bistronomie* (ver p. 13), abriu seu restaurante L'Avant-Goût (antegosto) em meados dos anos 1990 e logo conquistou reconhecimento com seu *pot-au-feu* de porco. O *pot-au-feu* (literalmente "panela no fogo") tradicional é um ensopado bovino (usando cortes menos nobres) e vegetais de inverno (batata, cenoura, alho-poró, nabo e aipo-rábano). Sua versão utiliza muitas especiarias e uma combinação incomum, mas vencedora, de erva-doce e batata-doce. Mantendo o espírito do prato original, ele usa partes menos nobres do porco, incluindo rabo e orelha, mas a receita pode ser feita com cortes mais fáceis de achar, de preferência misturados.

É um prato substancioso para uma mesa cheia de convidados famintos. Fica melhor quando servido em duas partes, como costuma acontecer com o *pot-au-feu*: primeiro, sirva tigelas do caldo e pão; depois, o ensopado em si, com a carne e os vegetais, mostarda forte e picles.

1 colher (sopa) de azeite

1,5 kg de carne de porco (partes apropriadas para ensopados, de preferência uma mistura: bisteca, paleta, músculo, bochecha etc., com osso, quando for o caso)

2 cenouras médias, sem casca e cortadas em pedaços de 2,5 cm

2 alhos-porós, cortados ao meio no sentido do comprimento, cuidadosamente lavados e cortados em fatias de 2,5 cm

1 cebola média, descascada e cortada em 8 cunhas

4 dentes de alho descascados

1½ colher (chá) de sal marinho refinado

¼ de colher (chá) de semente de coentro

¼ de colher (chá) de zimbro

¼ de colher (chá) de pimenta-do-reino em grãos

¼ de colher (chá) de gengibre em pó

2 cravos-da-índia

1 anis-estrelado

5 cm de canela em pau

3 xícaras (720 ml) de vinho branco seco ou caldo de legumes

2 ervas-doces médias (cerca de 550 g), aparadas, sem miolo e cortadas em fatias de 2 cm

1 batata-doce grande, descascada e cortada em cubos de 2 cm

Folhas de salsinha bem picadas, para servir

Pão, para servir

Mostarda de Dijon forte, para servir

Cebola roxa agridoce (p. 19) ou pepinos em conserva, para servir

Em uma panela grande e grossa, aqueça o azeite em fogo médio-alto. Trabalhando em levas, se necessário, disponha o porco em uma única

(continua)

camada e cozinhe por 3 a 5 minutos de cada lado, até dourar por inteiro. Quando terminar, volte toda a carne para a panela. Acrescente a cenoura, o alho-poró, a cebola, o alho, 1 colher (chá) de sal, o coentro, o zimbro, a pimenta-do-reino, o gengibre, o cravo-da-índia, o anis-estrelado e a canela em pau. Adicione o vinho, raspe o que tiver grudado no fundo da panela e ponha água até cobrir. Tampe, deixe chegar a uma fervura lenta em fogo médio e cozinhe por cerca de 4 horas, até a carne ficar bem macia, mexendo de tempos em tempos e acrescentando água fervente se o nível descer muito.

Aproximadamente 30 minutos antes que o porco esteja pronto, junte em uma panela média a erva-doce, a batata-doce e a ½ colher (chá) de sal restante. Acrescente 2 xícaras (480 ml) do líquido do cozimento do porco (que não precisa ser reposto com água). Tampe, deixe chegar a uma fervura lenta em fogo médio e cozinhe por cerca de 20 minutos, mexendo com frequência, até ficar macio.

Quando o porco estiver pronto, tire-o da panela e corte em cubos de 5 cm. Coe o caldo com uma peneira fina. Descarte as partes sólidas e devolva o líquido à panela.

Para servir, divida o caldo em xícaras ou tigelas, polvilhe salsinha e sirva com pão. (Devolva a carne e os vegetais ao caldo restante e mantenha quente.) Depois que todo mundo tiver terminado, disponha a carne e os vegetais no centro de uma travessa grande e regue com um pouco do caldo. Sirva com mostarda e cebola ou pepino em conserva.

MIÚDOS

LES ABATS É UM TERMO GENÉRICO PARA QUALQUER PARTE COMESTÍVEL de um animal que não seja músculo ou osso: miolos, fígado, bochecha, língua, focinho, orelha, pé, rabo, moleja, rim, coração (que, na verdade, é um músculo, mas se inclui no *abat*), testículos, cabeça, tripa...

Se você não conseguiu chegar ao fim da lista, não é o único. Esse tipo de comida provavelmente é o mais polêmico que existe; ou se adora ou se detesta. No entanto, é uma parte importante da história da culinária parisiense. Cortes menos nobres muitas vezes eram os únicos que a classe trabalhadora podia comprar, e sua riqueza de nutrientes desempenhou um papel importante em termos de saúde pública. Os pratos de restaurantes em que figuram são chamados de *plats canailles*; os mais abastados gostavam da emoção de *s'encanailler*, ou seja, se misturar com a gentalha para comê-los.

Os miúdos deixaram de ser tão usados na segunda metade do século xx, conforme as práticas industrializadas de pecuária tornaram cortes nobres mais amplamente acessíveis (para o bem e para o mal) e a doença da vaca louca assustou muita gente. As *triperies* — açougues especializados em miúdos — praticamente desapareceram.

Mas o movimento gastrobistrô (ver p. 13) recuperou essa paixão, com chefs aceitando o desafio de preparar esses ingredientes de baixo custo de maneiras deliciosas. A falta de disponibilidade fora da França pode ser um problema, então não incluí receitas de miúdos neste livro; mas, quando você for a Paris, espero que lhes dê uma chance.

~FILET MIGNON~
de porc rôti, sauce au cidre

MIGNON DE PORCO ASSADO COM MOLHO DE SIDRA

SERVE 6

UMA DAS DIFERENÇAS MAIS SIGNIFICATIVAS ENTRE A COMIDA DE restaurante e a caseira na França é o uso de molhos. Os chefs os fazem naturalmente — para eles é como respirar —, mas os cozinheiros amadores às vezes os evitam, resistentes à ideia de ter mais uma coisa para preparar. No entanto, se você conseguir dominar o preparo de alguns molhos simples, sua comida vai subir a outro nível. Este aqui é baseado em *mirepoix* — cebola, cenoura e aipo, a santíssima trindade — e sidra. O resultado é um molho rico e aromático que faz maravilhas no porco assado. É um prato fácil de preparar para um jantar com convidados.

900 g de filé-mignon de porco, cortado em 4 pedaços

1 colher (chá) de sal marinho refinado

140 g de bacon, em cubinhos (ver Nota, p. 61)

¼ de cebola média (60 g), em cubinhos

½ cenoura pequena (30 g), sem casca e em cubinhos

⅓ de talo de aipo (30 g), em cubinhos

1½ xícara (360 ml) de sidra

1 folha de louro

¼ de xícara (60 ml) de creme de leite fresco

Pimenta-do-reino moída na hora

Salsinha picada, para servir

Arroz ou batatas ao vapor, para servir

Pelo menos 2 horas ou 1 dia antes de servir, espalhe 1 colher (chá) de sal na carne. Embrulhe firme e leve à geladeira por 1h30 ou durante a noite inteira. Tire da geladeira 30 minutos antes de cozinhar.

Preaqueça o forno a 200°C.

Em uma panela grande, frite o bacon em fogo médio por cerca de 5 minutos, até dourar, mexendo com frequência. Tire-o e reserve a gordura residual em uma tigela. Acrescente à panela a cebola, a cenoura e o aipo, tampe e cozinhe por 5 minutos, até que tenham amolecido. Adicione a sidra e a folha de louro e mantenha uma fervura lenta, sem tampa, por 20 a 25 minutos, até que o líquido tenha reduzido à metade. Coe e devolva à panela, descartando as partes sólidas. Mantenha quente em fogo baixo.

Enquanto isso, em uma frigideira de ferro fundido que possa ir ao forno e grande o bastante para acomodar a carne, aqueça a gordura de bacon reservada no fogo médio-alto. Adicione o porco e cozinhe por 10 minutos, até dourar dos dois lados. Leve a frigideira ao forno e asse por 15 a 20 minutos, até que um termômetro culinário inserido no meio da carne registre 65°C. Transfira para uma tábua, cubra com papel-alumínio e deixe descansar por 10 minutos.

Na hora de servir, incorpore o creme de leite fresco à panela de molho quente. Fatie a carne com 4 cm de espessura. Disponha em uma travessa, regue com o molho e polvilhe pimenta-do-reino e salsinha. Sirva com arroz ou batatas.

~ÉPAULE~
d'agneau roulée à la moutarde et au miel

PALETA DE CORDEIRO
COM MOSTARDA E MEL

SERVE 4

SEMPRE HÁ PELO MENOS TRÊS AÇOUGUEIROS DISPONÍVEIS QUANDO VOCÊ entra na *boucherie* de Jacky na Rue des Abbesses, uma rua de Montmartre marcada pelos paralelepípedos. Qualquer um deles pode preparar sua carne com habilidade e cuidado, mas se tiver sorte o próprio Jacky pode atender você.

Sorrindo do outro lado do balcão, com os braços cruzados, Jacky primeiro pergunta o que você planeja fazer para o jantar. Depois que você conta, ele exclama "*Impeccable!*" e dá uma piscadinha antes de pôr as mãos à obra. Você *poderia* optar por não compartilhar essa informação, mas seria um pouco antipático, como se recusasse dançar a dança que torna as interações com aqueles que vendem comida na França tão recompensadoras.

Jacky coloca a carne na balança e olha para você com um sorriso orgulhoso ("Ha!") quando o mostrador indica a quantidade exata que pediu. Então ele fatia, enrola, corta em cubos, abre, amarra — qualquer coisa que solicitar. Cozinheiros experientes sabem tirar vantagem disso para economizar tempo e trabalho em casa.

Esta receita de cordeiro me dá a oportunidade de fazer parte dessa troca, enquanto Jacky remove os ossos e limpa a paleta de acordo. Uma pasta simples de mostarda, mel e tomilho espalhada por cima da carne garante uma finalização maravilhosamente caramelizada. Jacky aprovou. Ele também recomendaria, acredito, purê de batata e couve-de-bruxelas como acompanhamento.

· **NOTAS** ·

Este prato é ótimo para a Páscoa e fica ainda mais gostoso quando consumido no mesmo dia.

Você pode assar duas paletas de cordeiro juntas se for receber um grupo maior. Use uma assadeira grande o bastante para acomodar toda a carne sem amontoá-la.

---

3 colheres (sopa) de mostarda de Dijon forte

2 colheres (sopa) de mel

2 colheres (chá) de tomilho seco

1 colher (chá) de sal marinho refinado

1,3 kg de paleta de cordeiro desossada

Flor de sal e pimenta-do-reino moída na hora

Comece 1 dia antes de servir. Em uma tigela pequena, misture a mostarda, o mel, o tomilho e o sal. Coloque a paleta em uma travessa grande e espalhe essa pasta dos dois lados. Você vai notar que a peça tem um lado mais liso e outro menos homogêneo, de onde o osso foi tirado. Faça um rolo com ela, de modo que o lado liso fique para fora, e prenda com barbante. Embale no próprio papel do açougue ou com filme e deixe na geladeira durante a noite.

Cerca de 3h30 antes de servir, preaqueça o forno a 150°C. Tire a paleta da geladeira, ponha em uma assadeira em que caiba confortavelmente e cubra com papel-alumínio.

Leve ao forno e deixe assar, regando com os sucos do cozimento de tempos em tempos, por aproximadamente 3 horas, até que a carne fique bem dourada e os sucos tenham escurecido e caramelizado.

Transfira para uma tábua, preferencialmente com uma reentrância na borda, para que o suco não escorra. Descarte o barbante. Corte a carne em fatias de 1,25 cm e disponha em uma travessa. Regue com o suco do cozimento, polvilhe flor de sal e pimenta-do-reino e sirva.

NOITE

~HÜNKAR BEĞENDI~
CORDEIRO TURCO COM BERINJELA

SERVE 4

A RUE DU FAUBOURG SAINT-DENIS É UMA DAS RUAS COMERCIAIS MAIS diversas de Paris e também uma das minhas preferidas. Repleta de lojas, restaurantes e cafés, fica lotada a qualquer hora do dia ou da noite. Aqui, dois mundos se encontram: o dos membros de classes trabalhadoras imigrantes — seja trabalhando, comprando ou socializando — e o da comunidade jovem urbana e artística que está revitalizando a região.

Por todos os lados, há um bistrô, um restaurante apertado ou um lugar onde comprar comida pronta tentando seduzi-lo com suas especialidades. A variedade de comida de rua reflete a mistura de nacionalidades das pessoas que frequentam o local, e você pode viajar da Síria para a Índia passando pela Córsega em alguns poucos passos.

No topo da rua, perto da monumental Porte Saint-Denis, fica um lindo restaurante de comida tradicional turca. Foi onde comi meu primeiro *hünkar beğendi*, um prato clássico de cordeiro de cozimento lento servido com berinjela assada e molho de queijo. O nome significa "delícia do sultão", e de fato se trata de um prato saboroso digno da realeza, que seus amigos plebeus também vão adorar.

---

3 berinjelas médias (cerca de 1,4 kg no total)

Azeite

650 g de paleta de cordeiro desossada, cortada em cubos de 2,5 cm

1 cebola média, em fatias finas

2 dentes de alho picados

Sal marinho refinado

3 tomates médios (cerca de 450 g no total), em cubos

2 colheres (chá) de folhas frescas de orégano, picadas (ou ½ colher de chá de orégano seco)

½ colher (chá) de canela em pó

¼ de xícara (35 g) de farinha de trigo

1 xícara (240 ml) de leite (de qualquer tipo)

100 g de queijo turco kasseri ou provolone ralado na hora

1 punhado de salsinha fresca e picada, para servir

1 limão-siciliano cortado em 4 cunhas, para servir

Trigo para quibe cozido, para servir

Preaqueça o forno a 200°C.

Com uma faca, faça alguns furos nas berinjelas e coloque sobre uma assadeira. Asse por 1 hora, até escurecer e ficar mole, virando na metade do tempo. Deixe descansar até estarem frias o bastante para manipular.

ENQUANTO ISSO, COZINHE O CORDEIRO: Em uma panela de fundo grosso, aqueça 1 colher (sopa) de azeite. Acrescente o cordeiro, a cebola, o alho e 1 colher (chá) de sal. Cozinhe por cerca de 10 minutos, mexendo com frequência, até que a cebola tenha amolecido e a carne esteja dourada de ambos os lados. Adicione o tomate, o orégano e a canela. Tampe e cozinhe em fogo baixo por aproximadamente 50 minutos, até que o molho esteja sedoso e a carne, macia. Prove e ajuste o tempero.

(A carne pode ser cozida 1 dia antes, ficando ainda mais saborosa. Cubra e deixe na geladeira durante a noite. Reaqueça antes de retomar a receita.)

Descarte a casca das berinjelas e bata o restante em um liquidificador ou processador de alimentos até atingir a consistência de purê.

Em uma frigideira grande, aqueça 2 colheres (sopa) de azeite em fogo médio. Acrescente a farinha e cozinhe por 2 a 3 minutos, mexendo com uma espátula, até formar espuma. (Isso é um *roux blanc*.) Adicione a berinjela batida e depois incorpore o leite lentamente. Cozinhe por mais alguns minutos, até engrossar. Tire do fogo e adicione o queijo. Prove e ajuste o tempero. (Você pode preparar o molho de berinjela até 1 dia antes. Cubra e leve à geladeira, aquecendo antes de continuar a receita.)

Divida o molho nos pratos, coloque a carne em cima e polvilhe salsinha. Sirva na hora, com cunhas de limão-siciliano para espremer e trigo para quibe como acompanhamento.

~TRUITE~
aux courgettes, crème d'amande

TRUTA COM ABOBRINHA E CREME DE AMÊNDOA

SERVE 4

EU ME LEMBRO DA PRIMEIRA VEZ QUE JANTEI NO YARD, UM PEQUENO restaurante localizado na então desconhecida região do 11º *arrondissement*. Fui ficando mais animada conforme nos aproximávamos: os becos com chão de paralelepípedo, os estúdios de artistas, pessoas descoladas nos cafés e bares que havia em toda a parte, desfrutando do sol de fim de tarde. Eu olhava para elas e tinha um vislumbre de uma outra trajetória de vida, em que eu moraria nessa pérola de bairro e sempre encontraria meus amigos.

O Yard seria um dos nossos preferidos, com sua atmosfera despretensiosa, suas mesinhas coladas que estimulam a interação e sua cozinha aberta, focada em produtos frescos. O prato de que mais gostei foi a truta com fatias finas de abobrinha e creme de amêndoa, uma versão moderna da *truite amandine*; eu lamberia o prato, mas o pão se voluntariou para sugar o molho em meu lugar. Sirva como entrada ou prato principal leve; acrescente batatas assadas se quiser que fique mais substancioso.

¼ de xícara (60 ml) de manteiga ou pasta de amêndoa

1 dente de alho bem picado

1 colher (sopa) mais 1 colher (chá) de sumo de limão-siciliano espremido na hora

Sal marinho refinado

2 xícaras (30 g) de rúcula

4 colheres (chá) de azeite

2 abobrinhas pequenas

450 g de filé de truta com pele

¼ de xícara (35 g) de amêndoa torrada e grosseiramente picada

Em uma tigela pequena, misture a manteiga de amêndoa, o alho, 1 colher (sopa) de sumo de limão-siciliano e ¼ de colher (chá) de sal. Acrescente água fria, 1 colher (sopa) por vez, até chegar a uma consistência cremosa, com um total de 3 colheres.

Em uma tigela média, tempere a rúcula com 1 colher (chá) de azeite, a 1 colher (chá) restante de sumo de limão-siciliano e uma pitada de sal.

Corte as abobrinhas ao meio no sentido do comprimento e depois de novo, chegando a 4 pedaços compridos. Divida cada um ao meio ainda no sentido do comprimento.

Em uma frigideira, aqueça 2 colheres (chá) de azeite em fogo médio-alto. Acrescente a abobrinha, polvilhe ¼ de colher (chá) de sal e cozinhe por 2 minutos de um dos lados cortados, até dourar. Vire e cozinhe o outro lado também por 2 minutos. A abobrinha deve ficar *al dente*. Transfira para uma tigela e cubra.

Limpe a chapa e aqueça a colher (chá) de azeite restante em fogo médio. Coloque a truta com a pele para baixo, polvilhe ¼ de colher (chá) de sal e cozinhe por 4 a 6 minutos se quiser malpassada; ajuste o tempo do cozimento de acordo com a espessura dos filés. Corte-os em pedaços.

Coloque 2 colheres (sopa) de molho de amêndoa em cada prato, formando um círculo ligeiramente deslocado do centro. Alterne pedaços de abobrinha, truta e rúcula, como se montasse uma fogueira. Polvilhe amêndoa e sirva.

~MAFÉ~
de poisson aux épinards

ENSOPADO DE PEIXE
COM ESPINAFRE

SERVE 4

MEU APARTAMENTO FICA PERTO DE LA GOUTTE D'OR (A GOTA DE OURO) E do Château-Rouge (castelo vermelho), bairros onde grandes comunidades de imigrantes africanos vivem e restaurantes sem frescura oferecem uma culinária de estilo familiar. Em geral, são frequentados por locais, então a comida não foi simplificada para os europeus, e é uma oportunidade de ter um gostinho de lugares como Senegal, Togo e Mali mesmo sem ir até lá.

Um dos pratos que aparece na maioria dos menus é o *mafé*, ensopado de carne ou peixe em molho de amendoim que é muito popular na África Ocidental e por vezes é chamado de *azindéssi* ou *tigua degué*. O molho é feito engrossando o ensopado com manteiga de amendoim. Esta versão do *mafé*, com peixe e espinafre, é rápida de preparar e é um prato incrivelmente saboroso para o jantar. Sirvo sobre tigelas de arroz, mas as alternativas tradicionais incluem *fonio* (um tipo de painço), cuscuz, *fufu* (um purê de mandioca), batata-doce e banana-da-terra.

---

1 colher (sopa) de óleo neutro (canola ou girassol)

1 cebola média em cubos pequenos

2 dentes de alho bem picados

Sal marinho refinado

¼ de xícara (60 ml) de manteiga de amendoim homogênea

1 pimenta dedo-de-moça pequena, bem picada (sem as sementes, para abrandar o sabor)

1 cubo de caldo de legumes (ver Notas)

1 folha de louro

3 xícaras (720 ml) de água fervente

400 g de tomate pelado inteiro em lata ou garrafa, escorrido

450 g de espinafre fresco, grosseiramente picado, ou 280 g do congelado, em temperatura ambiente, espremido e grosseiramente picado

700 g de peixe branco de fonte sustentável à sua escolha, cortado em cubos de 2,5 cm

Pimenta-do-reino moída na hora

Arroz branco ao vapor, para servir

· NOTAS ·

Os cozinheiros africanos fazem uso frequente de caldos industrializados. Se preferir usar caldo de legumes caseiro, acrescente 3 xícaras no lugar da água fervente.

Esta receita também funciona como sopa em vez de ensopado; acrescente um pouco mais de líquido para chegar à consistência desejada e ajuste o tempero de acordo.

Em uma panela grande de fundo grosso, aqueça o óleo em fogo médio. Coloque a cebola, o alho e ½ colher (chá) de sal e cozinhe, mexendo com frequência, por cerca de 2 minutos, até amolecer. Adicione a manteiga de amendoim, a pimenta dedo-de-moça, o cubo de caldo de legumes, a folha de louro e ½ colher (chá) de sal. Inclua 1 xícara (240 ml) de água fervente. Acrescente os tomates e esmague grosseiramente com uma espátula. Ponha as 2 xícaras (480 ml) restantes de água fervente e deixe em fogo baixo por 20 minutos. Adicione o espinafre e o peixe e mantenha uma fervura lenta por 5 minutos, até que as folhas estejam murchas e o peixe tenha cozinhado.

Polvilhe pimenta-do-reino, prove e ajuste o tempero. Sirva por cima de arroz branco ao vapor.

~POISSON~
au beurre blanc

PEIXE AO MOLHO BEURRE BLANC

SERVE DE 4 A 6

NOTA
Se preferir um molho mais homogêneo, coe e remova os pedacinhos de cebola antes de adicionar as ervas.

EU NÃO GOSTAVA MUITO DE PEIXE QUANDO CRIANÇA, MAS MINHA MÃE TINHA um truque para me fazer comer: um molho rápido *beurre blanc*, com base de manteiga e limão, que elevava qualquer variedade que tivesse escolhido na barraca de peixe. Tenho uma lembrança vívida da panela de cerâmica branca que usava, levemente inclinada para ficar mais fácil de bater, e do raspar oco da colher na hora de servir cada prato.

O *beurre blanc* tem um lugar muito merecido no panteão dos molhos franceses clássicos. O método é rápido e claro. Gosto de acompanhar este prato com batata ou arroz ao vapor e folhas verdes da estação, que também se beneficiam do *beurre blanc*.

170 g de cebolas pequenas bem picadas ou raladas

⅓ de xícara (80 ml) de vinho branco seco

3 colheres (sopa) de sumo de limão-siciliano espremido na hora

1 colher (chá) de sal marinho refinado

1 colher (sopa) de azeite

700 g de filés (de 1,25 a 2 cm de espessura) de peixe de fonte sustentável de sua escolha

6 colheres (sopa) (85 g) de manteiga sem sal, em cubos

6 colheres (sopa) (90 ml) de creme de leite fresco

⅓ de xícara (20 g) de ervas frescas bem picadas, como cebolinha, salsinha, coentro ou azedinha

Em uma panela média, misture as cebolas, o vinho, o sumo de limão-siciliano, o sal e ⅓ de xícara (80 ml) de água. Deixe pegar uma fervura lenta em fogo médio e cozinhe por cerca de 5 minutos, mexendo de vez em quando, até que as cebolas amoleçam e o líquido reduza pela metade.

Enquanto isso, em uma frigideira grande, aqueça o azeite em fogo médio. Acrescente o peixe e deixe por 2 a 3 minutos de cada lado, até cozinhar.

Assim que o molho reduzir, acrescente a manteiga pouco a pouco, mexendo constantemente para emulsificar. Incorpore e bata o creme. Mantenha o molho quente enquanto o peixe termina de cozinhar.

Ponha as ervas no molho na hora de servir. Disponha o peixe em uma travessa ou divida entre os pratos e regue com o molho. Sirva logo em seguida.

~CHAMPIGNONS~
façon bœuf bourguignon

COGUMELOS BOURGUIGNON

SERVE 6 COMO PRATO PRINCIPAL

A BORGONHA, QUE FICA A UMA VIAGEM CURTA DE TREM AO LESTE DE PARIS, é uma região conhecida pelos vinhos, pelos telhados de tijolos coloridos, pelo sabor forte da mostarda da cidade de Dijon, que até faz algumas pessoas espirrarem, e, é claro, pelo *bœuf bourguignon*. Esse prato de carne cozida lentamente no vinho é icônico da culinária francesa caseira.

Conforme Paris se torna mais amistosa aos vegetarianos e veganos, versões baseadas em vegetais do clássico surgem nos cardápios dos restaurantes de toda a cidade, muitas vezes com cogumelos no lugar da carne. Isso torna o prato algo completamente diferente, mas a falta de carne e meu ingrediente secreto — uma colherada de pasta de missô — ajudam a criar o mesmo tipo de efeito forte e pesado no que é, em resumo, um ensopado de cogumelos muito, muito bom.

O *bœuf bourguignon* com frequência é servido com purê ou batata cozida, mas, como esta versão já contém batata para dar corpo e substância, prefiro servir com purê de couve-flor. Cogumelos não exigem tanto tempo de cozimento quanto a carne, então de cortar a servir deve dar cerca de uma hora — tempo o bastante para terminar com aquela garrafa de pinot noir.

---

1 colher (sopa) de azeite

1 cebola média em pedaços

3 cenouras médias, sem casca e cortadas em fatias de 1 cm

2 dentes de alho picados

2 colheres (chá) de tomilho fresco ou 1 do seco

1½ colher (chá) de sal marinho refinado

4 batatas médias (cerca de 600 g no total), descascadas e cortadas em cubos de 1,25 cm

1 colher (sopa) de missô

2 folhas de louro

1½ xícara (360 ml) de vinho tinto seco mais ou menos encorpado, como um bom pinot noir

1 kg de cogumelos marrons, aparados e cortados em pedaços de 2,5 cm

Pasta fluida: 1 colher (sopa) de araruta ou fécula de mandioca (ver Nota), misturada com 1 colher (sopa) de água fria

¼ de xícara (15 g) de folhas de salsinha, grosseiramente picadas

Pimenta-do-reino moída na hora

Purê de couve-flor, para servir

• **NOTA** •
Em último caso, você também pode usar maisena na pasta fluida. Mas, para molhos ácidos, com base de vinho, araruta e fécula de mandioca são mais eficientes.

Em uma panela grande de fundo grosso, aqueça o azeite em fogo médio. Acrescente a cebola, a cenoura, o alho, o tomilho e o sal e cozinhe por cerca de 8 minutos, mexendo com frequência, até amolecer. Adicione a batata, o missô e as folhas de louro. Inclua o vinho, mexendo para incorporar, e tampe. Deixe em uma fervura lenta por 15 minutos.

Coloque os cogumelos e volte a uma fervura lenta, cozinhando sem tampa por 15 a 20 minutos, mexendo com frequência, até que todos os vegetais estejam cozidos. Descarte as folhas de louro. Ponha a pasta fluida e cozinhe em fogo baixo por mais 5 minutos, até que o molho tenha engrossado um pouco.

Prove e ajuste o tempero. Transfira para uma travessa, polvilhe salsinha e pimenta-do-reino e sirva com o purê de couve-flor.

~RATATOUILLE~
au four

RATATOUILLE AO FORNO

SERVE 6 COMO ACOMPANHAMENTO

SOU A NETA ORGULHOSA DE UMA MARAVILHOSA COZINHEIRA QUE VIVEU na Provença a maior parte da vida adulta e falava com muito carinho dos vegetais que comprava no mercado local no verão — como os cozinhava separadamente, com muito amor, até que brilhassem por causa do azeite de qualidade, depois os reunia na panela como amigos antigos que tivessem sido afastados.

Mas minha avó não era esnobe e não me desmerecia quando eu ria e confessava que fazia *ratatouille* espalhando todos os vegetais em uma única assadeira e deixando que o forno fizesse todo o trabalho por mim. Embora pouco convencional, esse método leva a resultados incríveis: um *ratatouille* quase doce, com um maravilhoso sabor de assado e uma textura tão rica e agradável que parece uma sobremesa.

Gosto de comer com os Ovos cozidos no vapor (p. 62), porque a gema aveludada se mistura com legumes suculentos. Também é um acompanhamento fácil que vai com tudo, de carnes grelhadas a peixe no vapor, macarrão e arroz integral.

· NOTAS ·

Outra inovação que às vezes trago ao clássico é assar limão-siciliano (de preferência orgânico) cortado em 8 cunhas com os legumes.

O *ratatouille* fica ainda melhor no dia seguinte e congela bem.

---

2 berinjelas médias, cortadas em cubos de 2 cm

2 abobrinhas médias, cortadas em cubos de 2 cm

4 tomates, cortados em cubos de 2 cm

1 pimentão vermelho, fatiado

1 cebola média, em cubinhos

2 dentes de alho amassados e descascados

2 ramos de alecrim fresco ou ½ colher (chá) do seco

2 ramos de tomilho fresco ou ½ colher (chá) do seco

¼ de xícara (60 ml) de azeite

1½ colher (chá) de sal marinho refinado

Manjericão fresco, para servir (opcional)

Preaqueça o forno a 175°C.

Coloque a berinjela, a abobrinha, o tomate, o pimentão, a cebola, o alho, o alecrim e o tomilho em uma assadeira grande. Regue com o azeite, polvilhe sal e mexa bem com as mãos. Esconda o alho sob os legumes para que não queime. Cubra com papel-alumínio e asse por 45 minutos. Os legumes devem ficar cozidos, mas manter sua cor original. Retire o papel-alumínio e asse por mais 30 minutos, ficando sempre de olho, até que os legumes estejam tão dourados quanto quiser.

Retire os ramos de ervas e sirva, quente ou em temperatura ambiente, com manjericão fresco, se desejar.

~GRATIN~
d'endives

ENDÍVIA GRATINADA

SERVE 6 COMO ACOMPANHAMENTO; 4 COMO PRATO PRINCIPAL VEGETARIANO

AS ENDÍVIAS APARECEM NOS MESES MAIS FRIOS, DE NOVEMBRO A MARÇO NA França. Se você for comprá-las em um mercado parisiense nesse período, não desanime caso não aviste seu típico formato de torpedo ou casulo. O melhor é procurar por caixotes cobertos por papel azul-escuro, um truque para proteger as endívias da luz, impedindo a fotossíntese para que mantenham o tom branco desejado.

Gosto de uma boa salada de endívias, principalmente com nozes e pedaços de laranja. Mas, para algo quentinho e reconfortante, retorno a um prato de infância que, na verdade, não me agradava naquela época, mas que comecei a adorar quando adulta: o *gratin d'endives*, em que as folhas cozidas no vapor são dispostas em uma travessa e cobertas com molho bechamel e queijo ralado, então vão ao forno até dourar e borbulhar. O queijo e o bechamel contrabalanceiam bem a leve amargura das endívias. É uma receita clássica francesa e um maravilhoso acompanhamento para frango ou peixe, mas também pode ser servida como prato principal, com uma salada verde.

---

1 kg de endívias

4 colheres (chá) (20 g) de manteiga sem sal

2 colheres (sopa) (15 g) de farinha de trigo

1 xícara (240 ml) de leite integral

1 colher (chá) de sal marinho refinado

½ colher (chá) de noz-moscada ralada na hora

Pimenta-do-reino moída na hora

⅔ de xícara (65 g) de queijo ralado na hora, como gruyère

Lave as endívias e remova o miolo (que é onde se concentra a amargura). Cozinhe no vapor por 12 a 15 minutos. Disponha em uma camada compacta em um refratário médio.

Preaqueça o forno a 200°C.

Enquanto isso, em uma panela pequena, derreta a manteiga em fogo médio. Acrescente a farinha, mexendo rápido com uma colher de pau, e deixe cozinhar por 2 a 3 minutos, ainda mexendo com frequência, sem deixar dourar (é o *roux blanc*). Tire a panela do fogo, adicione um pouco de leite e mexa até que fique homogêneo.

Acrescente o restante do leite em fogo médio, um pouco por vez. Cozinhe em fogo baixo, mexendo com frequência, por 5 a 7 minutos, até que o molho tenha engrossado e esteja aveludado. Tire do fogo e inclua sal, noz-moscada e pimenta-do-reino a gosto. Prove e ajuste o tempero.

Despeje uniformemente sobre as endívias, distribuindo melhor com a espátula, se necessário. Polvilhe o queijo e asse por cerca de 20 minutos, até borbulhar e ficar dourado-escuro. Deixe descansar por 10 minutos antes de servir.

· **NOTA** ·

Este prato pode ser montado com antecedência; mantenha na geladeira e leve ao forno 30 minutos antes de servir.

· **VARIAÇÕES** ·

Endives au jambon é outro clássico. Enrole uma fatia de presunto em cada endívia já cozida no vapor antes de colocá-la na travessa. Você vai precisar de cerca de 340 g de presunto em fatias finas.

Esse método também pode ser aplicado a outros vegetais cozidos, como couve-flor ou cogumelos.

~POMMES ANNA~
au beurre noisette

BATATAS ANNA
NA MANTEIGA DOURADA

**SERVE DE 4 A 6
COMO ACOMPANHAMENTO**

OUTRORA LOCALIZADO NO BOULEVARD DES ITALIENS, O CAFÉ ANGLAIS dominou a cena culinária e social de Paris no século XIX, graças à sua atmosfera exclusiva e a seu chef visionário Adolphe Dugléré, aprendiz de Antonin Carême. O restaurante fechou em virtude da Primeira Guerra Mundial, mas seu legado sobrevive na literatura — na obra de Zola, Flaubert, Maupassant e Proust — e nas criações do chef. A mais famosa é provavelmente a batata Anna, cujo nome é uma homenagem a Anna Deslions, famosa cortesã que frequentava o restaurante.

É raro encontrar estas batatas no cardápio de um restaurante parisiense hoje, o que é uma pena. Trata-se de um estudo sobre a simplicidade e a sofisticação: fatias finas de batata são dispostas em um padrão espiral, cada camada pincelada com manteiga derretida e sal, e assadas até dourar. Gosto de usar manteiga dourada, que dá um sabor especial.

1,2 kg de batatas cerosas, descascadas

5 colheres (sopa) (70 g) de manteiga sem sal

1½ colher (chá) de sal marinho refinado

Preaqueça o forno a 220°C.

Com uma faca afiada ou mandolina, faça rodelas de batata de 4 mm de espessura. (Não lave as batatas ou deixe de molho; é a fécula que mantém as camadas unidas.)

Em uma panela pequena, derreta a manteiga em fogo médio e cozinhe, girando a panela, para fazê-la dourar. Primeiro, ela vai ferver, formando bolhas grandes. Logo o tamanho das bolhas vai diminuir, o campo de alcance da fervura vai aumentar e a manteiga vai ficar levemente dourada e cheirar a nozes. Nesse ponto, tire logo do fogo e transfira para uma tigela. (Se cozinhar demais, as partes sólidas da manteiga vão queimar, formando flocos pretos e de gosto acre. Jogue fora e comece de novo; acontece com todo mundo.)

Unte o fundo de uma frigideira de ferro fundido de 25 cm com parte da manteiga dourada. Cubra o fundo com ⅓ das rodelas de batata ligeiramente sobrepostas e em um padrão circular. Pincele com ⅓ do restante da manteiga e polvilhe ½ colher (chá) de sal. Faça outras duas camadas. Leve ao fogo médio e cozinhe, sem mexer, por 10 minutos, até que o fundo comece a dourar. Cubra com papel-alumínio, transfira para o forno e asse por 30 minutos. Tire o papel-alumínio e asse por mais 20 a 30 minutos, até que as batatas estejam completamente cozidas (uma faca deve perfurá-las facilmente) e o topo esteja crocante e dourado. Deixe descansar por 10 minutos em temperatura ambiente.

Passe uma espátula nas bordas e embaixo para soltar e vire com cuidado em uma travessa para que o fundo dourado fique para cima. Se alguma batata ficar grudada na frigideira, raspe e devolva ao seu lugar. (Se não quiser virá-las, não há problema em servir direto da frigideira.) Corte em fatias e sirva.

~BO BUN~
au bœuf

SALADA DE BIFUM
COM CARNE

SERVE 4

OS PARISIENSES SÃO APAIXONADOS PELO QUE CHAMAM DE BO BUN — CUJO nome de fato é *bún nò nam bộ —*, uma salada vietnamita de bifum, legumes crus e carne marinada. Finalize com amendoim picado, muita hortelã e molho agridoce e terá uma explosão de texturas e sabores que é especialmente satisfatória quando se volta do trabalho tarde, cansado e faminto e há um restaurante vietnamita que vende comida para viagem bem na esquina. Quando tiver um pouco mais de tempo, faça uma versão caseira para um jantar descompromissado. A maior parte do preparo pode ser feita antes, de modo que só falte cozinhar a carne e montar as tigelas.

PARA A CARNE MARINADA

450 g de carne bovina, ponta de agulha ou coxão mole, cortada no sentido contrário à fibra em fatias bem finas

2 talos de capim-limão

2 dentes de alho bem picados

1½ colher (sopa) de molho de peixe

1 colher (sopa) de açúcar demerara

½ colher (chá) de sal marinho refinado

PARA O MOLHO

¼ de xícara (50 g) de açúcar demerara

¼ de xícara (60 ml) de água fervente

¼ de xícara (60 ml) de molho de peixe

¼ de xícara (60 ml) de vinagre de arroz

2 colheres (sopa) de sumo de limão espremido na hora

½ colher (chá) de molho de alho apimentado, como sriracha

2 dentes de alho bem picados

PARA COZINHAR E MONTAR

225 g de bifum

100 g de alface grosseiramente picada

1 cenoura média, sem casca e ralada ou *à julienne*

½ pepino médio, com casca e cortado em palitos

1½ xícara (80 g) de broto de feijão

1 colher (sopa) de óleo neutro (canola ou girassol)

½ cebola média, em fatias finas

8 rolinhos primavera (do recheio que quiser) comprados prontos e reaquecidos de acordo com as instruções (opcional)

1 pimenta dedo-de-moça pequena (opcional), em fatias finas (sem semente para abrandar o sabor)

⅓ de xícara (55 g) de amendoim torrado e salgado, picado

16 folhas de hortelã fresca, em fatias finas

(continua)

NOITE ~ 231

COMO PREPARAR BIFUM

Deixe de molho em água fria por 20 minutos. Transfira para uma panela grande e cubra com água. Cozinhe em fogo baixo por 10 minutos, até amolecer. Escorra, lave com água fria e escorra de novo. O bifum pode ser preparado até 1 hora antes. Se os fios estiverem grudando quando for usá-los, lave com água fria de novo e escorra bem.

PELO MENOS 2 HORAS OU ATÉ 1 DIA ANTES DE SERVIR, FAÇA A MARINADA: Coloque os bifes em uma tigela média não reativa. Corte a raiz do capim-limão e remova as camadas externas, mais fibrosas (guarde para fazer chá ou caldo) e exponha o miolo macio e ceroso, como um lápis fino. Corte em fatias finas. Acrescente-as com o alho, o molho de peixe, o açúcar e o sal à carne. Mexa bem, cubra e leve à geladeira.

PREPARE O MOLHO ATÉ 1 DIA ANTES DE SERVIR: Em uma tigela média, dissolva o açúcar na água fervente. Acrescente o molho de peixe, o vinagre de arroz, o sumo de limão, o molho apimentado e o alho. Deixe em temperatura ambiente enquanto prepara o restante da receita. (Se for fazer com mais de 1 hora de antecedência, cubra e leve à geladeira.)

Prepare o bifum de acordo com as instruções do pacote (ou ver Como preparar bifum, à esquerda).

Separe quatro tigelas grandes. Coloque a alface picada e o bifum no fundo, depois a cenoura ralada, os palitos de pepino e o broto de feijão em três pilhas diferentes. Essa montagem pode ser feita até 1 hora antes de servir; mantenha em temperatura ambiente.

NA HORA DE SERVIR: Em uma frigideira, aqueça o óleo em fogo médio-alto. Refogue a cebola por cerca de 2 minutos, mexendo com frequência, até amolecer e dourar levemente. Acrescente a carne com a marinada e mexa com frequência por cerca de 3 minutos, até que a carne esteja cozida por dentro.

Divida a carne e os sucos do cozimento entre as tigelas. Se for incluir rolinhos primavera, corte cada um em três usando uma tesoura de cozinha e distribua entre as tigelas. Polvilhe pimenta dedo-de-moça (se for usar), amendoim e hortelã. Regue cada tigela com 3 colheres (sopa) do molho e sirva com palitos japoneses, sugerindo aos convidados que misturem os ingredientes.

LA MAISON VÉROT

═Três gerações de especialistas em embutidos═

GILLES VÉROT OSTENTA COM ORGULHO O TÍTULO DE *CHARCUTIER* DE terceira geração. Seus avós abriram um negócio próspero no centro de Saint-Étienne (uma cidade perto de Lyon) em 1930, e seu pai e seu tio o assumiram nos anos 1960. O jovem Gilles cresceu nesse lugar, cercado por *terrines* e linguiças, e desde os tenros dez anos sabia que continuaria com o negócio da família.

Ele teve a oportunidade de ser aprendiz em Lyon e Paris e se apaixonou pela vida excitante que a capital oferecia. Casou com a filha de seu mentor, e juntos eles abriram seu próprio negócio na Rue Notre-Dame-des-Champs, em 1997, no bairro icônico de Saint-Germain-des-Prés.

Desde então, Gilles tem sido figura central da cena de *charcuteries*, recebendo inúmeros prêmios — incluindo o prestigioso Championnat du Monde de Pâté en Croûte (o campeonato mundial de torta francesa de carne) e o Championnat de France du Fromage de Tête (campeonato francês de um patê feito de miúdos) — e defendendo a qualidade e a autenticidade de maneira geral.

A vitrine de sua loja é o bastante para deixar qualquer um maluco, com os olhos passando por cada opção, cada uma celebrando um diferente estilo regional (de Paris, Lyon, Alsácia, Bretanha e Normandia), que juntos formam um Tour de France de dar água na boca. Uma infinidade de linguiças, presunto de Paris, *pâté lorrain*, galantina de pato, *terrine* de coelho, *quenelle* de lúcio, pé de porco empanado... tudo fresquinho e feito ali mesmo.

Para Gilles Vérot, o futuro dos embutidos reside na transparência quanto aos ingredientes e à fonte; em refinar clássicos populares para se manter em dia com o gosto moderno e animar a cena com novas criações e edições limitadas; e em romper as barreiras estabelecidas apresentando seus produtos em outros contextos — em *wine bars* (ver p. 166), hotéis de prestígio e filiais por toda a cidade.

O know-how de Vérot já atravessou o oceano. Ele fez uma parceria com Daniel Boulud, e há uma década os dois estão produzindo embutidos franceses em Nova York (usando carne de porco de pequenos produtores americanos) para servir nos estabelecimentos do chef.

~POIRES POCHÉES~
au vin épicé

PERA AO VINHO QUENTE

SERVE 6

ESTA MARAVILHOSA SOBREMESA MARCA PONTO NOS CARDÁPIOS DOS bistrôs parisienses todo outono e permanece popular até o fim do inverno, utilizando diferentes variedades e formas de peras, conforme os meses passam: *guyot, comice, passe-crassane, conférence…*

É uma sobremesa fácil de fazer com antecedência quando se vai receber amigos para jantar, e o vinho quente faz minha casa ficar com um cheirinho todo especial. Sirvo a pera com um pouco de creme de leite fresco batido, que logo fica arroxeado por causa do vinho, e biscoitos amanteigados, como o Biscoito Arlette caramelizado (p. 239), para dar crocância.

Com vinho branco seco e um pouco de rum escuro, o vinho quente coado se transforma em uma bebida deliciosa para receber os convidados e fazer com que esqueçam as baixas temperaturas do lado de fora.

· **NOTAS** ·

Use vinho tinto barato; sua melhor garrafa não vai brilhar aqui.

A Williams é um bom tipo de pera para usar, mas é interessante procurar variedades menos conhecidas, produzidas localmente.

Esta receita pode ser servida como acompanhamento de uma tábua de queijos.

· **VARIAÇÃO** ·

Você também pode fazer esta receita com pêssego ou nectarina.

6 peras médias (ver Notas), maduras mas ainda firmes

3 xícaras (720 ml) de vinho tinto (ver Notas)

¾ de xícara (150 g) de açúcar

Tiras da casca de 1 limão-siciliano

Tiras da casca de 1 laranja

1 canela em pau

1 anis-estrelado inteiro

Sementes de 2 bagas de cardamomo

3 cravos-da-índia

½ xícara (120 g) de creme de leite fresco batido, para servir

Biscoito Arlette caramelizado (p. 239), ou biscoitos amanteigados comprados prontos, para servir

Cozinhe as peras 1 dia antes de servir. Descasque, descarte o miolo, mantendo-as inteiras, e corte a base horizontalmente para que fiquem de pé.

Em uma panela grande, misture o vinho, 1 xícara (240 ml) de água, o açúcar, a casca de limão-siciliano e de laranja, a canela, o anis-estrelado, o cardamomo e o cravo-da-índia. Leve a uma fervura lenta em fogo médio. Mergulhe as peras de lado e cozinhe por 20 minutos, virando-as com frequência. Deixe que voltem à temperatura ambiente no líquido do cozimento. Cubra e leve à geladeira até o dia seguinte. Tire 1 hora antes de servir.

Coloque as peras de pé em uma tigela grande e faça uma piscina rasa de vinho quente. (Reserve o restante para o coquetel de boas-vindas.) Sirva com uma colherada de creme de leite fresco batido para cada convidado e biscoitos.

~NOUGATINE~
aux fruits secs mélangés

NOUGATINE MISTO

RENDE 4 XÍCARAS (480 G)

NA MOVIMENTADA CALÇADA DO BOULEVARD DE CLICHY, HÁ UMA barraquinha que vende diferentes tipos de doces e pralinês fresquinhos o dia inteiro. O cheiro do amendoim tostando e caramelizando lentamente é tão forte e penetrante que sobrevive até mesmo à ventilação do metrô. Viajantes desavisados abrem um sorriso infantil quando atingidos pelo aroma de caramelo ao sair pelas portas automáticas da estação Blanche.

Estes *chouchous* são tradicionais nas feirinhas e nos mercados de Natal franceses e são tão simples de fazer em casa quanto um doce pode ser. Faço os meus com oleaginosas variadas e, além de acompanhar meu Arroz-doce (p. 240), uso-os de diversas maneiras: como com quadradinhos de chocolate bem amargo, espalho sobre o Sorvete de baunilha (p. 246) ou embrulho e entrego como lembrancinhas para os professores do meu filho em datas comemorativas.

1⅓ xícara (100 g) de amêndoa laminada

¾ de xícara (100 g) de pistache cru

¾ de xícara (100 g) de amendoim cru

¼ de colher (chá) de sal marinho refinado

4 colheres (sopa) (55 g) de manteiga sem sal

¾ de xícara (150 g) de açúcar

· **NOTAS** ·

Se só conseguir encontrar pistache e/ou amendoim torrados e salgados, exclua o sal da receita.

Use quaisquer oleaginosas disponíveis. Pique em pedaços mais ou menos do tamanho de um amendoim, se for o caso.

Forre uma assadeira com papel-manteiga ou um tapete de silicone para forno.

Em uma tigela, junte a amêndoa, o pistache, o amendoim e o sal.

Em uma panela média, derreta a manteiga em fogo médio. Acrescente o açúcar, misture e deixe cozinhar por 3 a 5 minutos, mexendo com frequência, até chegar a um caramelo cremoso e levemente amarronzado. Adicione as oleaginosas e cozinhe por mais 2 a 3 minutos, misturando bem até que comece a grudar, formando uma massa. Despeje sobre a assadeira forrada, espalhe com a espátula e deixe endurecer completamente em temperatura ambiente.

Corte em pedaços do tamanho que desejar com uma faca ou simplesmente quebre com os dedos. Guarde em um recipiente hermético em temperatura ambiente por até 1 mês.

~ARLETTES~
caramélisées

BISCOITO ARLETTE CARAMELIZADO

RENDE 20

ARLETTE É UM NOME FRANCÊS PARA MULHERES QUE ATINGIU A popularidade por volta da Segunda Guerra Mundial. Descobri os biscoitos que levam o mesmo nome em uma doceria do bairro de Batignolles que já fechou as portas. Eu me apaixonei pelos biscoitos de massa folhada em espiral, primos distantes do *palmier*, e logo aprendi a fazê-los em casa.

É muito fácil preparar esse biscoito. Basta enrolar a massa folhada em um cilindro, cortar em fatias mais ou menos grossas, polvilhar muito açúcar de confeiteiro e passar o rolo por cima para amassar um pouco, dando uma forma mais ovalada a ele. Depois de assar, você poderá se deliciar com esses biscoitos amanteigados, brilhantes por causa de sua casquinha caramelada e incrivelmente crocantes. Sirva com chá ou café à tarde e use para adornar sobremesas com frutas ou uma taça simples de Sorvete de baunilha (p. 246).

· **NOTA** ·
É mais fácil trabalhar com massa folhada em uma cozinha fresca.

Açúcar de confeiteiro

Massa folhada simples (p. 105), ou 340 g de massa folhada comprada pronta

Passe açúcar de confeiteiro em uma superfície plana e no rolo. Abra a massa folhada em um retângulo com cerca de 6 mm de espessura. Começando por um dos lados mais curtos, enrole a massa sobre si mesma com firmeza para formar um cilindro. Embrulhe em papel-manteiga e leve ao congelador por 20 a 30 minutos, até firmar o bastante para cortar facilmente com uma faca.

Preaqueça o forno a 175°C e forre uma assadeira com papel-manteiga. Tenha mais um pedaço do mesmo tamanho à mão e mais uma assadeira, que caiba dentro da primeira.

Com uma faca afiada, corte o cilindro em rodelas de 1,25 cm de espessura. Polvilhe mais açúcar na superfície de trabalho e no rolo e abra cada rodela com um movimento de cima para baixo (e não de lado a lado) em uma forma oval de 6 mm de espessura. Disponha sobre a assadeira forrada. Cubra com papel-manteiga e coloque a segunda assadeira (para impedir de inflar). Asse por 15 a 18 minutos, até ficar dourado-escuro. Transfira para uma grade para esfriar completamente.

~RIZ~
au lait crémeux

ARROZ-DOCE CREMOSO

SERVE DE 6 A 8

L'AMI JEAN É UM RESTAURANTE NO SÉTIMO *ARRONDISSEMENT* ADMINISTRADO por Stéphane Jégo, um chef barbudo e tatuado com quarenta e poucos anos. Jégo é da Bretanha e desenvolveu suas impressionantes criações depois de uma década de trabalho com Yves Camdeborde, o pai fundador da *bistronomie* (ver p. 13), e então partiu para a carreira solo, há quinze anos.

Jantar no Ami Jean envolve uma noite agitada em um espaço apertado, com pratos audazes que deixam qualquer um com um sorriso bobo no rosto. Quando você está pensando que não poderia comer mais nada, vem a sobremesa pela qual Jégo é conhecido, um *riz au lait* às antigas, inspirado por Philomène, sua mãe. É servido ao estilo da família, em uma grande tigela acompanhada de uma xícara de musse de caramelo salgado e uma xícara de pecã caramelizada para polvilhar.

Arroz-doce é uma boa sobremesa para fazer com antecedência, e é simples e reconfortante. Não faço uma versão tão trabalhada, mas peguei algumas dicas do Ami Jean: uso creme de leite fresco no cozimento do arroz para chegar a uma textura mais homogênea e sirvo com Nougatine misto (p. 237), o toque crocante que agita o prato.

· **NOTAS** ·

É essencial usar arroz de grão curto, não o parboilizado ou o pré-cozido. Só ele vai abrir e soltar a fécula que cria a textura cremosa.

Sei que você deve estar pensando em diferentes sabores e temperos para acrescentar. Não vou impedi-lo, mas lembre-se: a ideia deste arroz-doce é evocar os sabores simples da infância.

4 xícaras (960 ml) de leite (de qualquer tipo)

⅔ de xícara (135 g) de arroz branco de grão curto (e nenhum outro! Ver Notas)

1 fava de baunilha, dividida ao meio no sentido do comprimento

½ xícara (100 g) de açúcar

½ xícara (120 ml) de creme de leite fresco

Nougatine misto (p. 237), grosseiramente picado, para servir

Faça o arroz-doce com 4 horas de antecedência ou 1 dia antes de servir.

Em uma panela média, misture o leite e o arroz. Raspe as sementes da fava de baunilha e acrescente tudo à panela. Cozinhe em fogo baixo por cerca de 20 minutos, mexendo ocasionalmente, até que o arroz tenha inchado e aberto, soltando a fécula e criando uma textura cremosa. Prove para garantir que os grãos estejam macios; se não for o caso, cozinhe mais um pouco. Ponha o açúcar e cozinhe por mais 10 minutos, até ficar bem cremoso. Transfira para uma tigela e cubra. Deixe esfriar completamente e leve à geladeira. Uma película vai se formar; incorpore-a de volta.

Com um mixer, bata o creme de leite fresco em uma tigela até formar picos firmes. Descarte a fava de baunilha do arroz-doce. Com uma espátula, incorpore ¼ do creme de leite fresco batido para abrandar a textura. Inclua o restante em três partes, trabalhando com a espátula em um movimento circular e vertical para que a mistura mantenha tanto volume quanto possível. (Isso pode ser feito com 4 horas de antecedência; cubra e leve à geladeira.)

Sirva em taças de sobremesa, acompanhado do Nougatine misto.

~PROFITEROLES~
PROFITEROLES
SERVE 6

ALGUNS RESTAURANTES DE PARIS TIRAM O SEU CHÃO SÓ COM O ESPLENDOR histórico da casa. A Brasserie Julien, que fica a poucos passos dos movimentados Grands Boulevards, é um deles. Aberta em 1903, tem atraído clientes desde então, incluindo Édith Piaf entre os mais famosos. Com sua fachada art nouveau, figuras femininas em *pâte de verre* nas paredes, um maravilhoso piso de lajota com padrão florido e vitrais impressionantes no teto, parece uma máquina do tempo muito luxuosa, capaz de levá-lo para a Paris da virada do século XIX para o XX.

De forma coerente, a *brasserie* serve pratos franceses clássicos e tem os profiteroles como sua principal sobremesa, que inclui três carolinas grandes recheadas com sorvete de baunilha, sobre as quais o garçom vai despejar uma calda de chocolate de uma jarra metálica, em um espetáculo de dar água na boca.

É um prato muito mais fácil de recriar do que parece, e seu esforço será muito elogiado. Aqui, você tem a receita de como fazê-lo do zero, mas também é possível fazer apenas as carolinas e usar sorvete de baunilha e calda de chocolate comprados prontos.

Massa *choux* (receita a seguir)

3 xícaras (720 ml) de Sorvete de baunilha (p. 246), ou comprado pronto

Calda simples de chocolate (p. 247), ou comprada pronta, aquecida

½ xícara (35 g) de amêndoas laminadas torradas

Faça a massa *choux*, transfira para um saco de confeiteiro com uma ponta simples de 1,25 cm e leve à geladeira. (Isso pode ser preparado com até 1 dia de antecedência.)

Preaqueça o forno a 200°C e forre uma assadeira com papel-manteiga ou um tapete de silicone para forno.

Faça 18 montinhos com cerca de 4 cm de diâmetro com a massa *choux*, deixando 2,5 cm de distância entre eles. Acerte o topo com os dentes de um garfo molhado.

Asse por 25 a 30 minutos, virando a assadeira após 10 minutos, até que as carolinas estejam douradas por inteiro (verifique sobretudo a parte inferior das laterais e a base). Transfira para uma grade para esfriar completamente.

Para montar, use uma faca de serra para abrir as carolinas ao meio na horizontal, como um pãozinho, então recheie com uma bola de sorvete de baunilha. Coloque 3 carolinas em cada taça de sobremesa e leve à mesa assim para finalizar na frente dos convidados, regando com calda quente de chocolate e polvilhando lâminas de amêndoa.

· **NOTAS** ·

As carolinas podem ser congeladas antes de assar. Mantenha a assadeira no congelador por 2 horas, então transfira-as para um saco tipo zip. Não é necessário descongelar; pode assar direto por 30 a 35 minutos.

· **VARIAÇÃO** ·

Se você fizer carolinas menores, com cerca de 3 cm de diâmetro, e cobrir com açúcar perolado, terá *chouquettes*, um doce muito comum no lanche da tarde das crianças parisienses. Açúcar perolado pode ser encontrado em lojas especializadas ou comprado na internet.

MASSA *CHOUX*

Pâte à choux

RENDE CERCA DE 300 G, OU 20 CAROLINAS MÉDIAS

SE TIVER ALGUM INTERESSE EM CULINÁRIA FRANCESA — e arrisco dizer que tem, se está com este livro nas mãos —, não vai se arrepender de aprender a fazer massa *choux*. Essa massa mágica é a porta para um mundo cheio de *choux à la crème* (carolinas recheadas com creme), *chouquettes* (carolinas açucaradas), bombas, *religieuses*, profiteroles e *gougères* (carolinas de queijo) de todos os tipos.

O sucesso da massa *choux* depende de três coisas: você tem que fazer a *panade* direitinho — instruções completas a seguir — para que o excesso de umidade seja removido e a massa cresça da maneira apropriada no forno; a porta do forno deve permanecer fechada na primeira metade do tempo de cozimento para evitar que murche (carinha triste); e a mais importante é que é preciso assar suas criações por tempo o bastante para que seque, de modo que não amoleça ou perca a firmeza quando esfriar. Para isso, é preciso um pouco de fé: quando as carolinas dourarem, você vai ficar tentado a tirá-las do forno. Mas será cedo demais — é preciso esperar mais alguns minutos. Só então as carolinas chegarão ao contraste da textura crocante por fora com o interior incrivelmente úmido.

2½ colheres (sopa) (35 g) de manteiga sem sal, em cubos

¼ de colher (chá) de sal marinho refinado

½ xícara (120 ml) de leite, animal (integral) ou não (sem sabor e sem açúcar)

½ xícara (65 g) de farinha de trigo peneirada

2 ovos grandes

Em uma panela média (que não seja antiaderente), misture a manteiga, o sal e o leite e deixe ferver devagar em fogo médio-baixo. Tire do fogo e acrescente a farinha de uma vez só, mexendo rapidamente com uma colher de pau até estar incorporada e formar uma mistura homogênea. (Isso é a *panade*.)

Volte a panela ao fogo médio-baixo e continue mexendo por 5 minutos, até a massa estar acetinada e deixar uma película fina no fundo. Tire do fogo e deixe esfriar por 3 minutos. Acrescente os ovos, um por vez, mexendo bem a cada adição. Transfira para um saco de confeiteiro ou um saco firme tipo zip e leve à geladeira por pelo menos 1 hora ou até 1 dia antes de moldar e assar.

~CRÈME GLACÉE~
à la vanille

SORVETE
DE BAUNILHA

RENDE 3 XÍCARAS (720 ML)

ESTE MÉTODO CLÁSSICO DE FAZER SORVETE DE BAUNILHA TEM COMO BASE um creme inglês simples. Tenho uma boa receita para um creme inglês à prova de erro na família, então é claro que a uso para fazer esse sorvete.

Se você é do tipo atento aos detalhes, vai notar duas diferenças entre a base que ensino aqui e a receita de creme inglês da p. 109. Primeiro: o sorvete se beneficia de gordura adicional em termos de textura, então, além do leite, acrescento um pouco de creme de leite fresco. Segundo: quando comemos algo muito frio, a doçura é abrandada, de modo que é preciso aumentar a quantidade de açúcar para equilibrar.

---

2 xícaras (480 ml) de leite integral

½ xícara (120 ml) de creme de leite fresco

1 fava de baunilha, dividida ao meio no sentido do comprimento, ou 2 colheres (chá) de extrato de baunilha

1 ovo grande

½ xícara (100 g) de açúcar

3 colheres (sopa) de maisena

Em uma panela média, misture o leite e o creme de leite fresco. Raspe as sementes de baunilha da fava e acrescente tudo à panela (ou acrescente o extrato, se optar por ele). Deixe ferver lentamente em fogo médio.

Em uma tigela média, misture o ovo e o açúcar. Adicione a maisena e mexa até incorporar.

Quando a mistura de leite começar a ferver, tire a panela do fogo e acrescente cerca de ½ xícara (120 ml) à mistura de ovo. Devolva a combinação à panela e ao fogo médio-baixo. Cozinhe, mexendo em um movimento constante em oito com a colher. Raspe bem o fundo e a lateral e mantenha o fogo baixo o bastante para que o leite não ferva. O creme vai estar pronto quando engrossar o suficiente para cobrir a colher e seu dedo deixar uma marca clara nas costas dela. Deve levar cerca de 4 minutos.

Coloque uma peneira fina sobre uma tigela média limpa e passe o creme por ela. Cubra e deixe esfriar em temperatura ambiente por 2 horas, então deixe na geladeira durante a noite. Vai formar uma película, mas você pode incorporá-la de volta.

Ponha na sorveteira de acordo com as instruções do fabricante.

OS PROPRIETÁRIOS DE LOJAS EM PARIS COSTUMAM SER MUITO ORGULHOSOS, mas a G. Detou vai além com seu nome (brincadeira com "*J'ai de tout*"), que indica que vende de tudo. A alguns passos da Rue Montorgueil, no bairro antigo de Les Halles, é uma lojinha para confeiteiros profissionais e amadores mais dedicados, como minha mãe, que era uma cliente frequente.

Uma parede inteira é dedicada ao chocolate para cobertura, disponibilizado com diferentes teores de cacau, origem e marcas. Gosto de comprar pacotes grandes para pagar um preço melhor, que divido com amigos ou vizinhos, de modo a manter uma boa quantidade à mão para minhas necessidades, que incluem esta calda.

É uma receita fácil de manter no repertório, essencial para os Profiteroles (p. 243), mas também para o Crepe de trigo-sarraceno (p. 81) e o Waffle de carrossel (p. 131), ou para cobrir qualquer bolo que precise de uma forcinha. Como bônus, esfria em uma adorável textura de ganache, de modo que você pode servir em forma de *quenelle* (um ovo pontudo) e acompanhar com uma bola de sorvete de baunilha com amêndoa laminada.

~SAUCE~
au chocolat toute simple

CALDA
SIMPLES DE CHOCOLATE

RENDE CERCA DE
1½ XÍCARA (360 ML)

---

170 g de chocolate meio amargo de boa qualidade (60% a 70% de cacau), bem picado

¾ de xícara (180 ml) de leite (de qualquer tipo)

⅓ de xícara (80 ml) de creme de leite fresco

Em uma panela média, misture o chocolate, o leite e o creme de leite fresco. Leve ao fogo baixo por 4 a 5 minutos, mexendo com uma espátula com delicadeza, mas constantemente, até o chocolate derreter em uma calda homogênea, sem permitir que ferva.

Use na hora ou deixe esfriar e reaqueça um pouco antes de servir.

MADRUGADA
TARD DANS LA NUIT

Paris by night
au hasard de la nuit
qui nous prend par la main
—BÉNABAR

HÁ ALGO DE MUITO PARTICULAR NA PARIS DAS ALTAS horas da madrugada, quando os mais animados deixam os bares e as casas noturnas, conversando e rindo com completos desconhecidos, então se dão conta de que perderam o último metrô para casa, sentam na calçada para pensar um pouco e chegam à conclusão de que é melhor comer alguma coisa.

Nesse horário, as opções são reduzidas e se restringem principalmente a lugares que vendem kebabs duvidosos, populares entre aqueles que não são muito exigentes. Os mais ligados à história da cidade, no entanto, preferem uma boa sopa de cebola gratinada.

~SOUPE~
à l'oignon gratinée

SOPA DE CEBOLA

GRATINADA

SERVE 4

A SOPA DE CEBOLA HÁ MUITO TEMPO É UM BASTIÃO DA CULINÁRIA FRANCESA: cebolas brotam facilmente, aguentam bem os meses mais frios e cozinhá-las lentamente em fogo baixo rende um caldo bastante restaurativo.

Alexandre Dumas apresenta sete versões diferentes em seu *Grand Dictionnaire de cuisine*, publicado postumamente em 1873. Inexplicavelmente, a *soupe à l'oignon gratinée* não está entre elas. Uma invenção dos cozinheiros parisienses, nela o caldo é coberto por uma fatia de pão amanhecido com queijo e então levado ao forno para gratinar, criando uma casquinha que se mistura ao restante quando a colher é mergulhada.

Na segunda metade do século XIX, era servida em todas as *brasseries* de Les Halles durante a noite, quando o caminho daqueles que iam ao teatro ou saíam para a noitada cruzavam com o dos *forts des Halles*, homens que logo cedo começavam a transportar os produtos do mercado. Os primeiros queriam colocar alguma coisa no estômago depois de tanta bebida — de modo que essa sopa foi apelidada de *soupe à l'ivrogne*, ou seja, sopa dos bêbados —, enquanto os últimos precisavam de substância antes de 1 dia de muito trabalho braçal.

Alguns estabelecimentos mantêm a sopa de cebola em seu cardápio até hoje. Au Pied de Cochon é um dos poucos restaurantes que fica aberto a noite toda, servindo seu famoso pé de porco e sua gloriosa sopa de cebola para quem tem fome, estando sóbrio ou nem tanto.

· **NOTA** ·

Às vezes, uma gema crua de ovo (fresquinho) é acrescentada no momento final do cozimento, para dar liga. Nesse caso, a sopa não deve ser consumida por crianças, mulheres grávidas ou qualquer pessoa com o sistema imunológico comprometido.

1 colher (sopa) (15 g) de manteiga sem sal

1 colher (sopa) de azeite

560 g de cebola, em fatias finas

1 colher (chá) de sal marinho refinado

2 colheres (sopa) de farinha de trigo

½ xícara (120 ml) de vinho branco seco (substitua por cerveja ou 60 ml de porto e 60 ml de água)

4 xícaras (960 ml) de caldo de carne, de preferência caseiro

1 colher (sopa) de vinagre de vinho tinto

4 fatias de pão artesanal de casca dura (com cerca de 1,25 cm de espessura), cortado para caber na sua tigela de sopa

1½ xícara (150 g) de queijo ralado na hora, como gruyère

Pimenta-do-reino moída na hora

Noz-moscada ralada na hora

Em uma panela de fundo grosso, aqueça a manteiga e o azeite em fogo médio-baixo. Acrescente a cebola e o sal e deixe cozinhar por 30 a 35 minutos, mexendo com frequência, até caramelizar bastante. Se começar a grudar no fundo, adicione 1 colher (sopa) de água e raspe para soltar. Incorpore a farinha. Adicione o vinho e o caldo, raspe o fundo da panela e deixe em fervura lenta, com tampa, por 15 minutos. Junte o vinagre e prove para ajustar o tempero. (A base da sopa pode ser preparada até 1 dia antes. Deixe esfriar, cubra e leve à geladeira. Reaqueça antes de prosseguir.)

Preaqueça o forno a 220°C.

Divida a sopa em quatro tigelas refratárias e coloque sobre uma assadeira. Ponha uma fatia de pão em cada e polvilhe 6 colheres (sopa) de queijo. Deixe gratinar por 4 a 5 minutos, acompanhando atentamente, até que o queijo esteja dourado e borbulhando. Polvilhe pimenta-do-reino e noz-moscada.

Coloque as tigelas sobre pratos refratários e leve à mesa, avisando os convidados que elas estão pelando.

AGRADECIMENTOS

FOI UMA DELÍCIA ESCREVER ESTE LIVRO, em grande parte graças à minha assistente e amiga querida Anne Elder. Ela esteve ao meu lado a cada passo do caminho, na cozinha e no escritório, e iluminou cada dia de trabalho com suas ideias, suas habilidades e seu humor. Se você levar este volume ao ouvido, tenho certeza de que vai conseguir ouvir sua risada ecoando pelas páginas.

Anne coordenou a incrível equipe que testou as receitas, a quem serei grata pelo resto da vida. Por seu entusiasmo e comprometimento, e pelo retorno inestimável que me deram, agradeço a Maura Atwater, Jordan Bacon, Judi Brown, Mary Sue Hayward, Jaclyn Kubik, Marci McCarthy, Valerie Michaleski, Judy Miller, Leigh Monichon, Sheri Nugent, Jenny Pearson-Millar, Anne Ritchings, Noel Roberts, Alison Rutherford, Sara Silm, Heather Stein Roberts e Nathalie Wittemans.

Também quero agradecer ao grupo de superfãs de Chocolate & Zucchini, que funcionaram como um grande conselho durante todo o processo, e a todos os leitores de *Chocolate & Zucchini* que se mostraram animados ao longo do caminho, dando-me asas para tornar este livro o melhor possível.

Tive a sorte de receber receitas e outras contribuições de Bruno Brangea e Manon Fays (Champeaux), Gontran Cherrier e Benjamin Thomas, Catherine Cluizel, Forest Collins (52 Martinis), Corine e Gabrielle Di Ciaccio, Eric Frechon e Clarisse Ferreres-Frechon (Lazare), Romain Meder e Caroline Lefèvre (Hôtel Plaza Athénée), Adrian Moore (Hôtel Georges V), Eric Ngo (La Cuisine Paris), Nicolas Pando (Comptoir Canailles), Apollonia Poilâne e Geneviève Brière, Nathalie Quatrehomme, Orr Shtuhl, Gilles Vérot e David Valentin (Le Potager de Charlotte). Sou imensamente grata por seu tempo e sua generosidade.

Mille mercis a Nicole Franzen por fazer sua mágica, tirando fotos lindas dos meus pratos e capturando o espírito da minha Paris com sua câmera. Muito obrigada a Suzanne Lenzer e Andie McMahon por produzir a comida com tanto talento.

Agradeço a Claudia Cross, minha agente dos sonhos há catorze anos, e à equipe da Clarkson Potter, que fez este livro acontecer tão rapidamente e ficar tão bonito: Amanda Englander, Andrea Portanova, Stephanie Huntwork, Aaron Wehner, Doris Cooper, Heather Williamson, Christine Tanigawa, Jen Wang, Jana Branson, Erica Gelbard e Kevin Sweeting. Um agradecimento especial à minha heroína do mercado editorial Rica Allannic.

Agradeço aos meus parceiros Jane Bertch, Jules Clancy, Rachel Cunliffe, Anne Ditmayer, Judith de Graaff, Cécile Poignant, Darya Rose e Catherine Taret, por me motivar durante as dificuldades e comemorar as vitórias, tornando a vida muito mais rica.

Agradecimentos cafeinados à adorável equipe da Cuillier Abbesses, especialmente Andy, David, Mahela e Yoann, por manter minha caneca cheia enquanto eu digitava.

Obrigada a meus pais, Patrick e Sylvie, por terem me tido em Paris e por me criar com comida tão boa.

Finalmente, todo o meu amor a Maxence, com quem casei durante o processo de escrita deste livro; e a Milan e Mika, *mes petits choux*.

ÍNDICE REMISSIVO

As páginas indicadas em itálico referem-se às fotos

abacate: adicionado às Cenouras gratinadas, 59
abóbora: adicionada ao Colombo de frango, 92; Quibe de abóbora com espinafre, 162-3; Sopa de abóbora assada com *quenelle* de queijo curado, 186, *187*
abobrinha: Colombo de frango com banana-da-terra, 92-3; Cuscuz com *tfaya* e frango, 198, *199*, 201; *Ratatouille* ao forno, 224, *225*; Salada de abobrinha com pêssegos e amêndoas verdes, 50, *51*; Truta com abobrinha e creme de amêndoa, 218, *219*
água de flor de laranjeira: adicionada ao Brioche matinal, 27; adicionada às Cenouras gratinadas, 59; Salada marroquina de laranja, 106, *107*
alface: Coração de alface-romana com pera e queijo azul, 184; Folhas crespas com bacon e ovos, *60*, 61; Salada de bifum com carne, *230*, 231-2
alho: chermoula, 88, *89*; Mariscos gratinados com alho e salsinha, 168-9
amêndoa(s): Cuscuz com *tfaya* e frango, 198, *199*, 201; Nougatine misto, 237; Profiteroles, *242*, 243-4, 246-7; Salada de abobrinha com pêssegos e amêndoas verdes, 50, *51*; Torrada com amêndoa e amora, 39-40, *41*; Truta com abobrinha e creme de amêndoa, 218, *219*
amendoim: Ensopado de peixe com espinafre, *220*, 221; Nougatine misto, 237; Salada de bifum com carne, *230*, 231-2
amora: Geleia rápida de amora, 40; Torrada com amêndoa e amora, 39-40, *41*
apéritifs, franceses, 172
arroz: Sopa com arroz e gengibre, *188*, 189
Arroz-doce cremoso, 240, *241*
atum: Escabeche de atum, 87; Sanduíche tunisiano, 73

avelã(s): adicionada ao Pão de chocolate, 20; Carpaccio de legumes de outono, 55; como torrar e descascar, 43; Creme de chocolate com avelã, *42*, 43; Salada de queijo de cabra e maçã com crosta de avelã, *52*, 53-4; Sorvete de chocolate com nozes e passas, 126
aves *ver* frango; pato
avocado: Avocado recheado, *34*, 35
azeitona(s): adicionadas às Cenouras gratinadas, 59; Pãezinhos recheados, 148; Pão de azeitona e queijo de cabra, 173; Sanduíche tunisiano, 73

bacon: fazendo *lardons* com, 61; Folhas crespas com bacon e ovos, *60*, 61; Pãezinhos recheados, 148-9; Quiche clássico de presunto e bacon, *84*, 85-6
banana-da-terra: Colombo de frango com banana-da-terra, 92-3
batata(s): Batatas Anna na manteiga dourada, 228, *229*; Cogumelos *bourguignon*, 223; Colombo de frango com banana-da-terra, 92-3; Fritas maravilhosas de forno, 97; *Pot-au-feu* de porco com especiarias, 207-8; Sanduíche tunisiano, 73
batata chips: Omelete com batata chips e cebolinha, *48*, 49
batata-doce: adicionada ao Colombo de frango, 92; *Pot-au-feu* de porco com especiarias, 207
baunilha: Creme inglês, 109; Sorvete de baunilha, *242*, 246
bebidas: *apéritifs* franceses, 172; Café com leite clássico, *14*, 16; Chocolate quente parisiense, 142; Coquetel 75, *176*, 177; Leite de amêndoa com tâmaras e baunilha, 137; *Sidecar*, *180*, 181; Vespa verde, 174, *175*
berinjela: adicionada ao Colombo de frango, 92; Cordeiro turco com berinjela, 216-7; *Ratatouille* ao forno, 224, *225*
Berthillon, Raymond, 128
beterraba(s): adicionada às Cenouras gratinadas, 59; Carpaccio de legumes de outono, 55; *Relish* de beterraba, *76*, 77

beurre blanc: Peixe ao molho *beurre blanc*, 222
bifum: como preparar, 232; Salada de bifum com carne, *230*, 231-2
Biscoito Arlette caramelizado, 238, *239*
bistrô, definição, 194
Bolo de Nantes, 121
brasserie, definição, 194
brioche: Brioche de couve-flor, 190, *191*, 193; Brioche matinal, 26-7
Bureca armênia, 158-9

café, definição, 194
Café com leite clássico, *14*, 16
caramelo: Ilhas flutuantes com caramelo e morango, 108-9; Torta folhada de caramelo salgado, 150-2, *151*
carne: miúdos, sobre, 210; nas *charcuteries*, 233; Tábuas de queijo e embutidos, 178; *ver também* carne bovina; cordeiro; porco
carne bovina: adicionada à sopa com arroz e gengibre, 189; *Boeuf en croûte*, *204*, 205-6; Bureca armênia, 158-9; Filé ao molho de pimenta, 96; Filé com manteiga maître d'hôtel, *98*, 99; melhores cortes para filé, 96; Salada de bifum com carne, *230*, 231-2
Carpaccio de legumes de outono, 55
cebola(s): Cebola roxa agridoce, *18*, 19; Cuscuz com *tfaya* e frango, 198, *199*, 201; Sopa de cebola gratinada, 250-1
cenoura(s): adicionada ao Colombo de frango com banana-da-terra, 92; Carpaccio de legumes de outono, 55; Cenouras gratinadas, da *charcuterie*, *58*, 59; Crepe de grão-de-bico e cenoura, 82, *83*; Escabeche de atum, 87; *Pot-au-feu* de porco com especiarias, 207-8; Salada de bifum com carne, *230*, 231-2
centeio: Pão de centeio com missô vermelho, 36-8, *37*
cereja, adicionada ao Pão de chocolate, 20
champanhe, Coquetel 75, *176*, 177
chantili, 143
charcuteries, 233
Chauvin, Lionel, 128
Chermoula, 88-9

chocolate: adicionado ao Brioche matinal, 27; Calda simples de chocolate, 242, 247; calda sobre Ilhas flutuantes, 108; Chocolate quente parisiense, 142; Creme de chocolate com avelã, 42, 43; *Macaron* simples de chocolate, 144, 145-6; Musse de chocolate, 100, 101; na Maison Cluizel, 140; Pão de chocolate, 20-1; Sorvete de chocolate com nozes e passas, 126
Chocolate quente parisiense, 142
Cluizel, família, 140
coentro: Chermoula, 88, 89; Sanduíche tunisiano, 73; Vespa verde, 174, 175
cogumelo(s): *Boeuf en croûte*, 204, 205-6; Carpaccio de legumes de outono, 55; Cogumelos *bourguignon*, 223; Cogumelos gratinados, 227; Sopa com arroz e gengibre, 188, 189
Cointreau: *Sidecar*, 180, 181
Colombo de frango com banana-da-terra, 92-3
Compota de frutas com chá, mel e iogurte, 22, 23
conchas *ver* mariscos
conhaque: Coquetel 75, 177; Filé ao molho de pimenta, 96; *Sidecar*, 180, 181; *Terrine* de frango e pistache, 156
Coquetel 75, 176, 177
cordeiro: Cordeiro turco com berinjela, 216-7; Paleta de cordeiro com mostarda e mel, 215; Pão turco com cordeiro, 70-2, 71
couve-flor: Brioche de couve-flor, 190, 191, 193; Carpaccio de legumes de outono, 55; Couve-flor gratinada, 227
Creme inglês, 109
crepes: Crepe de grão-de-bico e cenoura, 82, 83; Crepe de trigo-sarraceno, 80, 81; ideias de recheio para, 80
Croissants de *boulangerie*, 32, 33
croûtons: Croûtons rápidos, 60, 62; Frango assado com manteiga de ervas e *croûtons*, 90, 91
culinária parisiense e costumes: almoço (*le midi*), 46; *apéritifs*, 172; bistrôs, 194; *brasseries*, 194; breve história da, 9-13; café da manhã ou brunch (*le petit déjeuner*), 15, 24; *cafés*, 194; casas de queijo, 114; *charcuteries*, 233; chocolaterias, 140; comida de piquenique e pontos populares, 74; competição de melhor baguete, 66; croissants de *boulangeries*, 32, 33; fim de tarde (*l'apéro*), 155; Le Marché, 44; madrugada (*tard dans la nuit*), 249; miúdos, 210; noite (*le soir*), 182; restaurantes, 194; sorvetes artesanais, 128; tábuas de queijo e embutidos, 178; tarde (*le goûter*), 117; wine bars e lojas de vinho, 166
cuscuz: como cozinhar, 198; Cuscuz com *tfaya* e frango, 198, 199, 201

embutidos, Tábuas de queijos e embutidos, 178
Endívia gratinada, 226, 227
ensopados: Cogumelos *bourguignon*, 223; Ensopado de peixe com espinafre, 220, 221
erva-doce: adicionada às Cenouras gratinadas, 59; *Pot-au-feu* de porco com especiarias, 207-8; Sopa de lentilha com linguiça e erva-doce, 64, 65
ervas: adicionadas à Panqueca inflada no forno, 165; adicionadas às Cenouras gratinadas, 59; *ver também* coentro; hortelã; salsinha
Escabeche de atum, 87
espinafre: Bureca armênia, 158-9; Ensopado de peixe com espinafre, 220, 221; Quibe de abóbora com espinafre, 162-3

farelo de pão, faça seu próprio, 18
fermento, como ativar, 21
Filé ao molho de pimenta, 96
fim de tarde (*l'apéro*): Bureca armênia, 158-9; Camembert ao forno com mel e sidra, 170, 171; comida e costumes, 155; Coquetel 75, 176, 177; Mariscos gratinados com alho e salsinha, 168, 169; Panqueca inflada no forno, 164, 165; Pão de azeitona e queijo de cabra, 173; Pesto de folhas de rabanete, 161; Quibe de abóbora com espinafre, 162-3; *Sidecar*, 180, 181; Tábuas de queijos e embutidos, 178; *Terrine* de frango e pistache, 156-7; Vespa verde, 174, 175
Folhado de maçã à moda antiga, 122, 123
Folhas crespas com bacon e ovos, 60, 61
framboesa: Mil-folhas de limão--siciliano e framboesa, 102-4, 103
frango: Colombo de frango com banana--da-terra, 92-3; Cuscuz com *tfaya* e frango, 198, 199, 201; Frango aberto ao limão-siciliano, 196, 197; Frango assado com manteiga de ervas e *croûtons*, 90, 91; Sopa com arroz e gengibre, 188, 189; *Terrine* de frango e pistache, 156-7
frutas: Compota de frutas com chá, mel e iogurte, 22, 23; *ver também* frutas específicas
frutas vermelhas: adicionadas ao Leite de amêndoa com tâmaras e baunilha, 137; Geleia rápida de amora, 40; Ilhas flutuantes com caramelo e morango, 108-9; Mil-folhas de limão-siciliano e framboesa, 102-4, 103; Torrada com amêndoa e amora, 39-40, 41

Geleia rápida de amora, 40
gim: Coquetel 75, 176, 177
Glacê de laranja, 120
grão-de-bico: Avocado recheado, 34, 35; Crepe de grão-de-bico e cenoura, 82, 83; seco, como cozinhar, 35; Tagine de peixe com chermoula, 88-9
grãos: Arroz-doce cremoso, 240, 241; Quibe de abóbora com espinafre, 162-3; Sopa com arroz e gengibre, 188, 189

hortelã: Salada de bifum com carne, 230, 231-2; Salada marroquina de laranja, 106, 107

Ilhas flutuantes com caramelo e morango, 108-9
iogurte: Compota de frutas com chá, mel e iogurte, 22, 23

laranja: Glacê de laranja, 120; Salada marroquina de laranja, 106, 107
Leite de amêndoas com tâmaras e baunilha, 137
limão-siciliano: adicionado ao *Ratatouille* ao forno, 224; Coquetel 75, 176, 177; em conserva, adicionado às Cenouras gratinadas, 59; Frango aberto ao limão-siciliano, 196, 197; Mil-folhas de limão-siciliano e framboesa, 102-4, 103; *Sidecar*, 180, 181
linguiça: Sopa de lentilha com linguiça e erva-doce, 64, 65

maçã: adicionada às Cenouras gratinadas, 59; Folhado de maçã, à moda antiga, 122, 123; Salada de queijo de cabra e maçã com crosta de avelã, 52, 53-4
Macaron simples de chocolate, 144, 145
Madeleines de Earl Grey, 118-20, 119
Magret com crosta de especiarias, 202, 203
Maison Berthillon, La, 128
Maison Cluizel, La, 140
Maison Poilâne, La, 28
Maison Quatrehomme, La, 114
Maison Vérot, La 233
Makrouts ao forno, 132-3
manteiga: Filé com manteiga maître d'hôtel, 98, 99; Peixe ao molho *beurre blanc*, 222
Marché, Le, 44

Mariscos gratinados com alho e salsinha, 168, *169*
massa: Massa *choux*, 244; Massa de torta, 86; *ver também* massa folhada
massa folhada: Biscoito Arlette caramelizado, *238*, 239; *Boeuf en croûte*, *204*, 205-6; Folhado de maçã à moda antiga, *122*, 123; Massa folhada simples, 105; Mil-folhas de limão-siciliano e framboesa, 102-4, *103*
mel: Compota de frutas com chá, mel e iogurte, *22*, 23; Paleta de cordeiro com mostarda e mel, 215
mercado de produtores (*Le Marché*), 44
Mil-folhas de limão-siciliano e framboesa, 102-4, *103*
Misto-quente com ovo, *68*, 69
miúdos, 210
molhos: Calda simples de chocolate, *242*, 247; Creme inglês, 109; Tahine, 78, *79*, 162-3
morangos: adicionados ao Mil-folhas, 102; Ilhas flutuantes com caramelo e morango, 108-9
Musse de chocolate, 100, *101*

nectarinas: adicionadas à Salada de queijo de cabra e maçã com crosta de avelã, 53; Nectarinas ao vinho quente, 236
Nougatine misto, 237
nozes: Coração de alface-romana com pera e queijo azul, 184; Quibe de abóbora com espinafre, 162-3; Sorvete de chocolate com nozes e passas, 126

oleaginosas: adicionadas às Cenouras gratinadas, 59; Nougatine misto, 237; Sorvete de chocolate com nozes e passas, 126; Suspiro com creme de castanha, *134*, 135-6; *ver também* amêndoa(s); amendoim; avelã(s); nozes; pistache
Omelete com batata chips e cebolinha, *48*, 49
ovo(s): adicionado ao Sanduíche tunisiano, 73; adicionado às Cenouras gratinadas, 59; crus, nota sobre, 100; Folhas crespas com bacon e ovos, *60*, 61; Misto-quente com ovo, *68*, 69; Omelete com batata chips e cebolinha, *48*, 49; Ovos cozidos no vapor, *60*, 62; Ovos *pochés* com farelo de pão e cebola agridoce, 17-9, *18*; Ratatouille no pão pita com ovos e tahine, 78, *79*

Pãezinhos recheados, 148-9
Paleta de cordeiro com mostarda e mel, 215

Panqueca inflada no forno, *164*, 165
Panquecas marroquinas, 30-1
pão: Brioche de couve-flor, 190, *191*, 193; Brioche matinal, 26-7; competição de baguete, em Paris, 66; *Croûtons* rápidos, *60*, 62; da Maison Poilâne, 28; Pão de azeitona e queijo de cabra, 173; Pão de centeio com missô vermelho, 36-8, *37*; Pão de chocolate, 20, *21*; Torrada com amêndoa e amora, 39-40, *41*
Pão turco com cordeiro, 70-2, *71*
pastas: Creme de chocolate com avelã, *42*, 43; Geleia rápida de amora, 40; Pesto de folhas de rabanete, 161; *Rillette* de cavalinha, *76*, 77
pato: Magret com crosta de especiarias, 202, *203*
peixe: Ensopado de peixe com espinafre, *220*, 221; Escabeche de atum, 87; Peixe ao molho *beurre blanc*, 222; Sanduíche tunisiano, 73; Tagine de peixe com chermoula, 88-9; Tartine de cavalinha defumada com *relish* de beterraba, *76*, 77; Truta com abobrinha e creme de amêndoa, 218, *219*
pepino: Salada de bifum com carne, *230*, 231-2; Sanduíche tunisiano, 73; Vespa verde, 174, *175*
pera: Coração de alface-romana com pera e queijo azul, 184
pêssego(s): adicionado à Salada de queijo de cabra e maçã com crosta de avelã, 53; Pêssegos ao vinho quente, 236; Salada de abobrinha com pêssegos e amêndoas verdes, 50, *51*
Pesto de folhas de rabanete, 161
pimenta em grãos, como moer, 96
pimentas: adicionadas ao Colombo de frango, 92; Ratatouille ao forno, 224, *225*; Sanduíche tunisiano, 73; Tequila com infusão de pimenta, 174
piqueniques, comida e lugares para, 74
pistache: Nougatine misto, 237; Salada marroquina de laranja, *106*, 107; *Terrine* de frango e pistache, 156-7
Poilâne, Lionel e Apollonia, 28
porco: adicionado à Sopa com arroz e gengibre, 189; Mignon de porco assado com molho de sidra, 213; *Pot-au-feu* de porco com especiarias, 207-8; Sopa de lentilha com linguiça e erva-doce, 64, *65*; *ver também* bacon; presunto
presunto: adicionado à Endívia gratinada, 227; Misto-quente com ovo, *68*, 69; Quiche clássico de presunto e bacon, *84*, 85
Profiteroles, *242*, 243-4, 246-7

Quatrehomme, família, 114
queijo: adicionado à Panqueca inflada no forno, 165; autêntico camembert, sobre, 171; Brioche de couve-flor, 190, *191*, 193; Bureca armênia, 158-9; Camembert ao forno com mel e sidra, *170*, 171; Coração de alface-romana com pera e queijo azul, 184; Cordeiro turco com berinjela, 216-7; Endívia gratinada, *226*, 227; Misto-quente com ovo, *68*, 69; na Maison Quatrehomme, 114; Pãezinhos recheados, 148-9; Pão de azeitona e queijo de cabra, 173; Salada de queijo de cabra e maçã com crosta de avelã, 52-4; Sopa de abóbora assada com *quenelle* de queijo curado, 186, *187*; Sopa de cebola gratinada, 250-1; Tábuas de queijo e embutidos, 178
quenelles: Sopa de abóbora assada com *quenelle* de queijo curado, 186, *187*
quiabo, adicionado ao Colombo de frango, 92
Quibe de abóbora com espinafre, 162-3
Quiche clássico de presunto e bacon, *84*, 85-6

rabanete: Pesto de folhas de rabanete, 161
ratatouille: Ratatouille ao forno, 224, 225; Ratatouille no pão pita com ovos e tahine, 78, *79*
Relish de beterraba, *76*, 77
restaurante, definição, 194
Rillette de cavalinha, *76*, 77

Salada marroquina de laranja, *106*, 107
saladas: Carpaccio de legumes de outono, 55; Cenouras gratinadas da *charcuterie*, 58-9; Coração de alface-romana com pera e queijo azul, 184; Folhas crespas com bacon e ovos, *60*, 61; Salada de abobrinha com pêssegos e amêndoas verdes, 50, *51*; Salada de bifum com carne, *230*, 231-2; Salada de queijo de cabra e maçã com crosta de avelã, *52*, 53; Salada marroquina de laranja, *106*, 107
salsinha: Chermoula, 88, *89*; Mariscos gratinados com alho e salsinha, 168, *169*
Sanduíche tunisiano, 73
sanduíches: Misto-quente com ovo, *68*, 69; Pão turco com cordeiro, 70-2, *71*; Ratatouille no pão pita com ovos e tahine, 78, *79*; Sanduíche tunisiano,

73; Tartine de cavalinha defumada com *relish* de beterraba, 76, 77
semolina: *Makrouts* ao forno, 132-3; Panquecas marroquinas, 30-1; sobre, 132
Sidecar, 180, *181*
sobremesas e doces: Arroz-doce cremoso, 240, *241*; Biscoito Arlette caramelizado, 238-9; Bolo de Nantes, 121; Folhado de maçã à moda antiga, *122*, 123; Ilhas flutuantes com caramelo e morango, 108-9; *Macaron* simples de chocolate, 144, *145-6*; *Madeleines* de Earl Grey, 118-20, *119*; *Makrouts* ao forno, 132-3; Mil-folhas de limão-siciliano e framboesa, 102-4, *103*; Musse de chocolate, 100, *101*; Nougatine misto, 237; Pera ao vinho quente, 236; Profiteroles, *242*, 243-4, 246-7; Salada marroquina de laranja, *106*, 107; Sorvete de chocolate com nozes e passas, 126; Suspiro com creme de castanha, *134*, 135-6; Torta de ameixa caramelizada, 112, *113*; Torta folhada de caramelo salgado, 150-2, *151*; Torta parisiense de creme, 124, *125*
sopas: Ensopado de peixe com espinafre, 221; Sopa com arroz e gengibre, *188*, 189; Sopa de abóbora assada com *quenelle* de queijo curado, 186-7; Sopa de cebola gratinada, 250-1; Sopa de lentilha com linguiça e erva-doce, 64, *65*
sorvete: na Maison Berthillon, 128; preparo sem sorveteira, 126; Sorvete de baunilha, *242*, 243; Sorvete de chocolate com nozes e passas, 126
Suspiro com creme de castanha, *134*, 135-6

Tagine de peixe com chermoula, 88-9
Tahine, molho de, 78, *79*, 162-3
tâmaras: Leite de amêndoa com tâmaras e baunilha, 137; *Makrouts* ao forno, 132-3
Tartine de cavalinha defumada com *relish* de beterraba, 76, 77
tempero colombo caseiro, 92
tequila: Tequila com infusão de pimenta, 174; Vespa verde, 174, *175*
Tequila com infusão de pimenta, como preparar, 174
Terrine de frango e pistache, 156-7
tfaya: Cuscuz com *tfaya* e frango, 198, *199*, 201
tomate: Cordeiro turco com berinjela, 216-7; *Ratatouille* ao forno, 224, *225*; Sanduíche tunisiano, 73
Torrada com amêndoa e amora, 39-40, *41*
Torta de ameixa caramelizada, 112, *113*
Torta folhada de caramelo salgado, 150-2, *151*
Torta parisiense de creme, 124, *125*
trigo para quibe: Quibe de abóbora com espinafre, 162-3
Truta com abobrinha e creme de amêndoa, 218, *219*

uva-passa: adicionada às Cenouras gratinadas, 59; Cuscuz com *tfaya* e frango, 198, *199*, 201; Sorvete de chocolate com nozes e passas, 126

vegetais: Carpaccio de legumes de outono, 55; *ver também* vegetais específicos
verduras: Bureca armênia, 158-9; Coração de alface-romana com pera e queijo azul, 184; Ensopado de peixe com espinafre, 220, 221; Folhas crespas com bacon e ovos, 60, 61; Pesto de folhas de rabanete, 161; Quibe de abóbora com espinafre, 162-3; Salada de bifum com carne, 230, 231-2; Salada de queijo de cabra e maçã com crosta de avelã, 52, 53-4
Vérot, Gilles, 233
Vespa verde, 174, *175*
Vinagrete de bistrô, 54
vinho: Coquetel 75, *176*, 177; em *wine bars*, lojas especializadas, 166; natural, sobre, 166

Waffle de carrossel, *130*, 131

Fabien Courmont

CLOTILDE DUSOULIER é a parisiense por trás do blog culinário Chocolate & Zucchini (http://cnz.to), no qual ela divide sua paixão pela comida. Autora de livros de gastronomia e guias de Paris, mora na capital francesa com o marido e dois filhos.